━━━━━━━━━ 님의 소중한 미래를 위해
이 책을 드립니다.

엄마를 위한
심플한
경제 공부,
돈 공부

우리 가족의
안정된 삶을 위한
진짜 공부

엄마를 위한 심플한 경제 공부, 돈 공부

박지수 지음

메이트북스

메이트북스

우리는 책이 독자를 위한 것임을 잊지 않는다.
우리는 독자의 꿈을 사랑하고,
그 꿈이 실현될 수 있는 도구를 세상에 내놓는다.

엄마를 위한 심플한 경제 공부, 돈 공부

초판 1쇄 발행 2019년 1월 3일 **|** 초판 3쇄 발행 2021년 9월 3일 **|** **지은이** 박지수
펴낸곳 ㈜원앤원콘텐츠그룹 **|** **펴낸이** 강현규 · 전연훈
책임편집 유지윤 **|** **편집** 안정연 · 오희라 **|** **디자인** 최정아
마케팅 김형진 · 이강희 · 차승환 · 김예인 **|** **경영지원** 최향숙 **|** **홍보** 이선미 · 정채훈
등록번호 제301-2006-001호 **|** **등록일자** 2013년 5월 24일
주소 04607 서울시 중구 다산로 139 랜더스빌딩 5층 **|** **전화** (02)2234-7117
팩스 (02)2234-1086 **|** **홈페이지** blog.naver.com/1n1media **|** **이메일** khg0109@hanmail.net
값 15,000원 **|** **ISBN** 979-11-6002-197-4 03320

이 도서의 국립중앙도서관 출판시도서목록(CIP)은 e-CIP홈페이지(http://www.nl.go.kr/ecip)에서
이용하실 수 있습니다.(CIP제어번호 : CIP2018039887)

복잡함을 떠나 간결함을 추구하라.
복잡한 것은 약하고, 단순한 것이 강하다.

· 윤석철 서울대 교수, 『삶의 정도』에서 ·

엄마가 가장 먼저 알아야 할 것은 경제와 돈이다

나의 시작은 늘 합리적 의심에서 출발한다. 그 의심은 스스로가 평범하고 소심하며 또 완전하지 못한 사람이라 생각하기 때문이다. 그래서 조바심을 내며 남들보다 먼저 준비하고 시작했다.

특히 결혼과 내 집 마련을 겪으며 이대로는 부자가 되기 힘들다는 현실을 깨달았다. 맞벌이로 살았지만 2배로 버는 만큼 나가는 돈은 많았고, 알뜰하게 가계를 돌보지도 못했다.

바쁘게 사느라 놓치고 있는 것들이 너무 많았다. 이리저리 나갔던 각종 고지서와 카드 대금들, 귀찮다는 핑계로 빈번했던 외식, 철철이 사들인 옷들, 바빠서 미안해 사줬던 아이 선물들…. 엄마가 중심을 잡고 가족 경제를 꾸렸어야 했는데 미처 깨닫지 못하고 살았다. 그러던 어느 순간, 의심이 들었다.

'그 많던 월급은 누가 다 가져갔을까?'

사람은 누구나 돈 걱정 없는 행복한 삶을 꿈꾼다. 그래서 매일 같이 일을 하고 저축도 하지만 돈 걱정에서 벗어나기 힘들다. 나는 20대 후반부터 끊임없이 '돈'에 대해 의심하고 묻고 답하기를 반복했다. 결국 돈을 다루기 위해서는 경제의 큰 흐름을 알아야 했다. 그래서 그 누구도 가르쳐주지 않던 경제 공부와 돈 공부를 스스로 해나갔다.

경제와 돈을 공부하기를 10년, 부동산과 금융 자산이 어느새 지금 생활을 유지한다 해도 노후까지 가능한 수준에 이르러 있었다. 더이상 아이의 학원비를 걱정하거나 가고 싶은 여행을 참지 않아도 된다. 집 근처 텃밭을 가꾸며 도서관에서 책을 읽고 이웃을 만나며 내 시간을 완벽히 나를 위해 쓰고 있다.

끝없는 소비 욕망에 허덕이며 세월을 낭비하지 않고, 가족 행복을 위해 노력한 결실이었다. 나는 비로소 평범한 월급을 자산으로 만들어 가족 경제적 안전망을 완성시켰다.

'부富는 대단한 것들을 소유하는 데 있지 않고 원하는 것이 적은 데 있다.' 스토아 철학자 에픽테토스Epictetus의 명언이다. 평범한 사람들의 소망은 예나 지금이나 크게 다르지 않다. 더 큰 부자가 되기 위해 삶을 희생하기보다 소박한 부자로의 삶을 살고 싶어 한다는 점이다.

소박한 부자란, 온전히 자존심을 지키며 평온하고 단순한 삶을 지속 가능케 해주는 수준의 재산을 가진 사람들이다. 그들은 무리하게 돈을 벌지 않는다. 그리고 가족의 안정과 행복을 돈과 바꾸고 싶지 않아 한다.

　세상에는 대단한 사람이 너무 많다. 1천만 원으로 50억 원을 만들었다는 사람, 아파트를 300채나 모았다는 사람도 있다. 그뿐이 아니다. 땅이나 주식 혹은 경매로 100억 원씩 벌었다는 사람도 많다. 이에 자극받아 선착순 마감되는 재테크 강의를 겨우 신청해서 듣고 열심히 적어보지만 결국 뇌용량에 과부하가 걸린다. 그리고 좌절하며 자신감을 상실한다. '나는 역시 안 되겠구나. 저 사람과 나는 달라.' '누군가 현실적이면서 실현 가능한 돈에 대한 이야기를 알려주면 좋겠다.' 이렇게 생각하며 씁쓸히 돌아나오고 만다.

　결혼을 하고 아이를 키우면서 가장 먼저 배워야 했던 것은 경제이고 돈이었다. 그러나 학교에서도 배우지 못했고, 혼자 공부하기에는 엄두가 나지 않는다. 그렇게 우왕좌왕하다가 주변 사람들 이야기를 따라 재테크를 시작해본다.

　"누구는 주말마다 부동산 임장을 다니더니 경매로 1억을 벌었대. 누구는 주식으로 수익률이 50%를 넘었다더라." 이런 말을 들으면 혹해서 '그럼 나도 경매를? 주식 정보 사이트에 가입을 해볼까?'라고 생각한다. 그리고 인터넷에 '경매'나 '주식'을 검색해본다. '수익률 50% 보장, 카페에 가입하면 상위 1% VIP 정보를 드립니다.' 이런 장사꾼들 밖에 없다. 관심은 급격히 식고 다시 평범한 일상으로 돌아간다.

다들 이런 경험이 있으리라. 또한 남 따라서 묻지마 투자를 했다가 회복하기 힘든 손해를 본 경우도 많다. 이것은 분명 자신만의 원칙과 전략이 없었던 결과다. 힘들겠지만 결국 경제 공부, 돈 공부의 시작은 '나' 자신으로부터 나와야 한다. 나의 필요에 의해 자산 달성 목표를 정하고 지속 가능한 방법을 찾아야 한다. 반복되는 금융 위기와 저성장 속에서 살아남기 위해서 가계의 중심이 되는 엄마가 최소한의 경제와 돈을 알아야만 한다.

'Simple, Simple, Simple!' 현상은 복잡해 보이지만 방법은 단순하다. *'많이 벌고 나가는 돈을 줄인 후에 남는 돈을 불리면 된다.'* 이 단순하고 변하지 않는 진리는 모두가 아는 사실이다. 그러나 부자가 된 사람은 드물다. 원칙대로 행동하기 쉽지 않고 어떻게 해야 하는지 잘 모르기 때문이다. 더욱이 사람들은 너무 바쁘고, 지금 당장 시작하지 않아도 꼬박꼬박 수입이 들어오기 때문에 발등의 불이라고 생각하지 않는다.

'몰라서, 바빠서' 등의 이유로 돈에 대한 스위치가 꺼져있는 엄마들을 위해 이 책을 쓰기로 했다. 이 책의 장점을 딱 2가지로 정리하면 다음과 같다.

첫째, 심플하게 본질과 핵심만 담았다. 개념만 설명하는 'What'을 넘어 책을 읽고 뭐든 바로 해볼 수 있도록 'How to'를 중점으로 실었다. 단순히 내가 해봤던 방법들을 나열하는 것이 아니라 그 과정을 반복하며 알게 된 원리와 지혜를 강조했다. 저축과 투

자는 적용 시기와 돈의 규모에 따라 의사결정이 달라지고, 결과 역시 달라지기 때문이다.

둘째, 일상에서 지속 가능한 재테크를 담았다. 단시간에 당신을 부자로 만들어줄 가상화폐, 갭투자, 경매 비법을 말하지는 않는다. 주식 종목이나 펀드, 보험을 찍어주지도 않는다. 유행에 편승해 무리한 투자나 시간이 지난 후 변할 수 있는 아파트 시세, 경매 일지 등을 싣지도 않았다. 그리고 입문자에게 너무 어려운 그래프나 통계자료도 걷어냈다. 대신 생생한 사례를 넣었다. 아마 주변에서 만날 수 있는 평범한 사람들의 이야기를 사례로 들어서 더욱 현실적일 것이다.

결국 모르면 두렵고 공포스럽다. 돈을 더 벌지 못할까봐, 모으지 못할까봐, 잃을까봐 두렵다. 그래서 누구라도 쉽게 이해할 수 있도록 경제와 돈에 대해 심플하게 정리했다. 이 책은 부자가 되고 싶은 엄마들에게 기본과 실전을 알려주는 가이드가 될 것이다.

- 돈, 어떻게 되겠지 생각하면 정말로 어떻게 된다.
- 돈, 뭐라도 하면 뭐라도 된다.
- 돈, 모른 척한다고 해결되지 않는다.
- 돈, 오늘은 저축을 시작하기 가장 빠른 날이다.

주식이 폭락하고 부동산이 꺾이고 환율이 급등한다 해도 두려워

할 필요가 없다. 지금부터 우리는 경제를 알고 제대로 대응해 나갈 것이기에 이 책을 펼친 것만으로도 반은 시작한 것이나 다름없다.

'소심하고 평범한 엄마지만 나도 해볼까?' 재테크 책 10권을 읽어도 모르겠다는 당신이 딱 10년 전 나였다. 내가 잘났다기보다는 대다수의 엄마와 그저 종이 한 장 차이였음을 잘 알고 있다. 가족의 행복과 안정된 삶에 대해 고민하며 살아가는 모든 엄마의 잰걸음을 응원한다. 부디 내 서툰 글과 진심이 누군가에게 마음의 울림이 될 수 있기를 희망한다.

박지수(골드래빗)

목차

4장 심플한 경제 공부로 내공을 축적하자

5장 실전에 써먹는 심플한 돈 공부

『엄마를 위한 심플한 경제 공부, 돈 공부』
저자 심층 인터뷰

Q. 『엄마를 위한 심플한 경제 공부, 돈 공부』를 통해 독자들에게 전하고 싶은 메시지가 무엇인지 말씀해주세요.

A. 제가 이 책을 통해 전달하고자 하는 메시지는 심플합니다. '우리는 평생 100세까지 돈을 벌기 위해 일할 수는 없습니다. 때문에 소득이 있는 기간 내에 자산을 모으고 불려야 합니다.'
자산을 키우는 방법은 '돈을 많이 번다. 나가는 돈을 줄인다. 남은 돈을 불린다'라는 3가지 프로세스로 요약할 수 있습니다. 먼저 돈을 많이 벌기 위해서는 자기계발을 통해 꾸준한 소득이 들어올 수 있도록 해야 합니다. 나가는 돈을 줄이려면 간소한 삶을 추구하고 소비에 대한 선택과 집중이 필요합니다. 마지막으로 남은 돈을 불려야 하는데, 이것은 투자와 수익률의 관계입니다. 이 영역 때문에 경제 공부, 돈 공부가 필요합니다. 재테크 책 10권을 읽어도 이해가 어렵다는 사람들에게 이 책은 분명 큰 도움이 될 것입니다. 이 책은 복잡한 이론의 개념서나 재테크 영웅담이 아닙니다. 일과 육아와 살림에 바쁜 엄마들이 '나도 한 번 돈 관리를 시작해볼까?' 하며 시작할 수 있도록 돕는 것이 제가 글을 쓴 이유입니다.

우리 가정을 지키고 싶다면 엄마가 나서야 합니다. 지금 바로 경제 공부, 돈 공부를 시작하시기 바랍니다.

Q. 엄마들이 경제와 돈에 대해 공부해야 하는 이유는 무엇인가요?

A. 동네 엄마들이나 직장 동료들을 따라하면 안 됩니다. 백만 가지도 넘는 개개인의 사연과 상황이 있는데 천편일률적으로 누가 이래서 돈을 벌었다고 따라가다 실패하면 좌절하고, 결국 더이상 투자를 하지 않는 더 큰 불행을 초래합니다.

또한 다른 사람에게 '이 사람이 나보다 낫겠지' '나보다 전문가니까'라는 생각으로 믿고 소중한 우리집 자산을 덜컥 맡기는 일이 허다합니다. 그 이유가 무엇일까요? 생각할 힘을 기르지 못했기 때문입니다. 미리 공부를 했고 경제 기사를 읽어왔다면 자신만의 투자 원칙이 분명 생길 수밖에 없는데, 그런 과정 없이 투자를 하려니 문제가 생기는 겁니다. 뭐든 스스로의 내공으로 해야 합니다. 그 내공을 쌓기 위해서는 경제 공부와 돈 공부는 필수입니다.

저는 인터넷에 직장인과 사회 초년생을 위한 경제 글을 쓰고 있었습니다. 그런데 이 책은 '엄마'의 경제 공부, 돈 공부를 말하고 있습니다. 가장 먼저 이야기를 꺼내고 싶은 대상이 엄마였기 때문입니다. 학원비, 관리비, 전세 등등 가계의 세세한 부분부터 큰 부분까지 모든 부분을 컨트롤하는 사람이 대개 엄마입니다. 물론 아빠도 같이 읽으면 좋겠습니다. 그래야 부부 간 공감대가 형성되어 제대로 실행해볼 수 있기 때문입니다.

Q. 엄마들은 직장과 살림, 그리고 육아에 바쁩니다. 공부할 시간을 어떻게 만드나요?

A. 맞습니다. 엄마는 너무 바쁩니다. 아이와 함께 그림책은 읽어도 '내 책, 내 공부'는 꿈도 못 꾸는 경우가 많습니다. 그러나 경제 공부와 돈 공부를 미뤄서는 안 됩니다. 은퇴하는 사람들이 가장 후회하는 것 중 하나가 '하루라도 빨리 재테크 공부 좀 할걸'입니다. 하루를 미루면 먼 훗날 한 달을 고생하고, 한 달을 미루면 일 년을 고생하게 됩니다.

엄마의 공부법은 조금 다릅니다. 제가 이 책에서 제안하는 방법은 크게 5가지입니다.

첫째, 느슨하게 공부합니다. 바쁠 때는 공부도 느슨한 휴식기를 가지고, 한가해지면 집중적 학습기에 들어가는 식으로 휴식기

와 학습기의 반복적인 생활을 하면 됩니다. 시험을 치는 것이 아니기 때문에 조급한 마음을 가지지 않아도 됩니다. 열심히 하는 것보다 꾸준히 하는 과정이 중요합니다. 힘들면 좀 쉬더라도 포기하지 말고 자신만의 질서를 만들기 바랍니다.

둘째, 쪼개서 합니다. 한 번에 다 하려 하지 않습니다. 특히 어려운 경제 책은 한 장 읽어 내려가기도 어렵습니다. 그러니 가능한 쉬운 책으로 선택하고, 하루 분량을 2~3장으로 압축하는 것이 좋습니다.

셋째, 습관으로 만듭니다. 예를 들어 저녁을 먹고 이를 닦고 책을 본다거나, 밤 9시부터 책을 본다는 등 자신만의 시간 약속을 미리 정해야 합니다. 그러면 습관이 됩니다.

넷째, 여가 생활로 대체합니다. 주말에 가족들과 도서관에 가는 것을 추천합니다. 함께 있지만 각자 책을 보는 일을 일상화하면 좋습니다. 아이는 책 읽는 습관을 가지게 되고, 부모는 공부할 수 있어 일석이조의 효과를 볼 수 있기 때문입니다.

다섯째, 자산 목표를 세우고 항상 되새깁니다. '수치화되지 않는 것들은 관리할 수 없다'는 말처럼 '결혼 몇 년 차에는 자산 얼마, 몇 년 차에는 자산 얼마'라는 식으로 구체적인 계획을 세워 눈에 보이는 곳에 두고 지속적으로 확인해야 합니다.

이렇게 조금씩 꾸준히 습관적으로 공부를 시작해보길 추천합니다. 그러면 우리 가정의 운명이 바뀝니다.

Q. 경제 공부, 돈 공부는 심플해야 한다고 각별히 강조하셨습니다. 어떤 이유 때문인지 설명 부탁드립니다.

A. '심플'은 제 삶을 관통하는 철학입니다. 복잡하고 모호한 것들의 타래를 풀어 간소하게 만들면 삶은 훨씬 가벼워집니다. 그래서 일상에서 시간, 공간, 머릿속, 인간관계 등 많은 것을 심플화하는 작업이 필요합니다.

공부도 마찬가지입니다. 우리가 운전면허를 따기 위해 모든 교통법규를 외우지는 않습니다. 꼭 필요한 것만 제대로 공부하면 운전하는 데 지장이 없기 때문입니다. 경제와 돈도 어렵게 생각하지 마세요. 두꺼운 책, 복잡한 도표와 그래프에 기죽지 말고 쉽게 공부하면 좋겠습니다. 심플하게 필요한 것만 제대로 공부하는 것을 추천합니다.

Q. 경제 공부의 핵심으로 5가지를 특별히 꼽으셨습니다. 설명 부탁드립니다.

A. 경제 공부의 목적은 합리적으로 경제적 사고를 할 줄 알고, 경제 상황을 읽는 눈을 키우는 것입니다. 그래서 가치 판단의 수치적 근거인 수요와 공급, '비싸다'와 '싸다'를 구별할 수 있는 가격 생성, 물가 상승의 다른 말인 인플레이션, 국내외 시장을 움직이는 금리와 환율, 금리가 만들어내는 경제 순환, 이렇게 5가지 핵심만 정리했습니다. 이 정도의 개념만 정리하고 경제 기사를 읽어도 무리 없이 술술 읽고 이해할 수 있으리라 확신합니다.

Q. 엄마들이 평소에도 경제적 사고를 해야 한다고 하셨습니다. 경제적 사고는 어떤 사고이며, 이를 생활 속에서 어떻게 실천해야 할지 자세한 설명 부탁드립니다.

A. 먼저 경제적 사고의 의미를 알아야 합니다. 한정된 자원의 효용을 높여 사용할 수 있도록 생각하는 것이 경제적 사고입니다. 보통 돈만 생각하기 쉽지만, 우리가 가지고 있는 한정된 시간과 에너지도 포함됩니다. 예를 들어 버스요금을 아끼기 위해 추운 겨울에 두 정거장이나 걸어가서 장을 봤을 경우, 버스요금과 장바구니 물가는 줄였겠지만 시간과 체력은 훨씬 더 고갈되었을 겁니다. 이는 결코 경제적 사고가 아닙니다. 그렇다고 시간과 에너지를 줄이기 위해 물가가 높은 집 앞의 백화점에서 장을 보는 것 또한 바람직하지는 못합니다.

이렇게 희소한 자원을 효율적으로 잘 쓰는 것이 우리 엄마들의 미션입니다. 그러기 위해서 비용과 이익을 따져 합리적인 선택을 내리는 경제적 사고가 필요합니다.

Q. 많은 투자 상품 중에서도 5가지를 돈 공부의 핵심으로 꼽으셨습니다. 자세한 설명 부탁드립니다.

A. 돈을 공부하는 목적은, 돈을 지키고 인플레이션을 이기는 수익률을 얻기 위함입니다. 물론 더 높은 수익률을 주는 다양한 금융 상품과 부동산 투자법이 있습니다. 그러나 공부한 시간과 에너지 대비 수익률을 얻고자 하다가 더 큰 손실을 볼 수 있기

때문에 이 책에서는 제외했습니다. 돈 공부 역시 심플하게 5가지로 꼽아보았습니다. 마법같이 돈이 불어난다는 복리, 투자의 아웃소싱인 펀드, 회사의 가치를 보고 투자하는 주식, 산업을 보고 투자하는 ETF, 부동산의 기초인 아파트, 이렇게 5가지만 알면 돈 공부는 충분합니다.

Q. 직접 투자가 부담스러운 엄마들에게 펀드를 추천했습니다. 펀드를 추천한 이유와 펀드 전략에 대해 알려주시기 바랍니다.

A. 일반인들에게 적합한 투자법은 소액, 적립식, 장기인데 이 3가지 모두 가능한 투자가 펀드이기 때문입니다. 특히 펀드를 초보자에게 추천하는 이유는 다음의 4가지입니다.

첫째, 전문성입니다. 공인된 전문가인 펀드매니저가 금융당국의 관리 아래 펀드를 운용합니다. 그들은 주식이나 채권의 종목을 고르고 조정하고 사고파는 모든 행위를 위탁받아 진행합니다.

둘째, 소액 투자입니다. 부동산은 최소 천 단위, 많게는 억 단위의 자금이 필요하지만 펀드는 적은 돈으로도 충분히 투자가 가능합니다.

셋째, 시공간의 분산투자입니다. 매달 추가 금액을 넣는다는 것은 시간적 분산을 의미합니다. 위험도에 따라 주식, 채권, 섹터별로 다양하게 나누는 것은 공간적 분산입니다. 이러한 투자 방법은 위험을 최소화할 수 있다는 장점이 있습니다.

넷째, 펀드로 쇼핑을 대신할 수 있습니다. 펀드를 고르는 것으로 소비의 감정을 대체할 수 있습니다. 예를 들어 사치를 하고 싶다면 럭셔리펀드를 사고, 가고 싶은 나라가 있다면 그 나라와 관련된 펀드에 투자하는 식으로 소비의 감정을 대체하는 것입니다.

Q. 우리나라는 부동산에 대한 선호도가 주식보다 높은 편임에도 불구하고 주식을 공부해야 한다고 하셨습니다. 주식을 알아야 하는 이유에 대해 자세한 설명 부탁드립니다.

A. 부동산은 한 번에 최소 몇 천, 몇 억대의 금액이 필요합니다. 저는 대출금이 없는 기간에는 자금을 굴리기 위한 수단으로 주식을 이용했습니다. 주식을 시작할 때 '우량주만 사면 안전하다' '절대 망하지 않는 회사니까' 등의 말에 의심을 품고 제 나름의 원칙을 찾기 시작했습니다.

회사명과 지표 뒤에 주가를 움직이는 투자금의 흐름을 파악하기 위해 경제 기사를 꾸준히 읽었습니다. 그리고 무리하게 투자하지 않고 일희일비하지 않으며, 가능한 오랜 기간 제가 선택한 회사의 성장을 믿고 기다렸습니다. 그 근거는 다음의 2가지입니다. 퇴직연금과 국민연금에서 지속적으로 자금이 유입될 거라는 것, 그리고 외국인에게 한국은 지속적으로 매력적인 나라가 될 것이라는 믿음입니다. 또한 이것이 주식을 공부해야 하는 이유입니다.

Q. 심플한 경제 공부, 돈 공부에 대해 알고 투자를 하고 싶은 엄마들에게 당부의 한 말씀 부탁드립니다.

A. 지금 엄마인 우리가 돈을 벌고 있든 그렇지 않든 그건 중요하지 않습니다. 중요한 건 가계 소득이며, 이것의 균형을 잘 잡고 운용해나가야 하는 사람이 바로 엄마가 되어야 합니다. 일상의 평범함을 지속 가능하기 위해 '부자'를 꿈꾸고, '나만의 스텝'으로 '나답게' 경제 공부, 돈 공부를 시작해보시기 바랍니다.
집집마다 돈에 대한 고민의 결이 다르기 때문에 제 경험을 일반화해 가르치고 싶은 마음은 추호도 없습니다. 하지만 경제 공부, 돈 공부를 시작하고자 하는 엄마들에게 도움이 되었으면 하는 마음으로 이 책을 집필했습니다. 분위기에 휩쓸리기보다 이 책을 읽고 분석하고 판단해 기회를 잡을 수 있길 바랍니다.

1. 네이버 검색창 옆의 카메라 모양 아이콘을 누르세요.
2. 스마트렌즈를 통해 이 QR코드를 스캔하시면 됩니다.
3. 팝업창을 누르시면 이 책의 소개 동영상이 나옵니다.

복잡하고 모호한 것들의 타래를 풀어
간소하게 만들면 삶은 훨씬 가벼워집니다.
경제와 돈도 어렵게 생각하지 말고 쉽게 공부하면 좋겠습니다.
심플하게 필요한 것만 제대로 공부하는 것을 추천합니다.

엄마가 된 후 고민할 것은 육아뿐이 아니다. 가족이 행복하고 안정적으로 살기 위해서는 돈에 대한 개념과 계획이 필요하다. 지금 꺼져있는 돈에 대한 스위치를 켜야 할 때다. 불을 켜고 돈의 실체와 마주치자. 현명한 엄마일수록 원하는 건, 어렵고 복잡한 이론과 원리의 개념서나 재테크 영웅담이 아니다. 곧바로 실행이 필요하기 때문에 본질과 핵심에 갈증을 느끼기 때문이다. 복잡하면 곤란하다. 심플하게 공부하고, 나답게 움직여보자.

1장

심플하게
경제 공부, 돈 공부

진짜 공부를
다시 시작하다

이번에는 누가 등 떠밀어 하는 공부가 아니라 내가 정말 필요해서 하는, 오롯
이 우리 가족의 안정된 삶을 위한 진짜 공부를 시작하자.

대학을 졸업하면 공부는 하고 싶지 않았다. 대학 입시, 취업
준비, 스펙 쌓기로 도서관에서만 보낸 시간을 보상받고 싶
었기 때문이다. 게다가 엄마라면 일이 좀 많은가. 일과 살림, 육아
로 하루를 보내면 더더욱 책 한 권 펴보기가 어렵다.

그러나 나이 들어 하는 공부가 진짜 공부라 했다. 학생 때 엄마
와 선생님의 눈치를 보며 하던 공부와는 질적으로 다르다. 본인의
절박한 필요에 의해 바쁘고 힘든 일상에서 한 켠을 내어 하는 공
부다. 먹고 살기에도 바쁜 와중에 뭔가를 배우고 익힌다는 게 쉽
지 않기에 어른의 공부는 더욱 소중하다.

결국엔 경제 공부, 돈 공부

결혼을 하고 아이를 키우며 보이지 않던 것들이 보이기 시작했다. 주변을 둘러보면 대부분의 가정은 1년에 한두 번 해외여행을 가는 것 같다. 수입차와 명품백, 아이 옷들에 고급 브랜드가 찍혀 있는 것도 심심치 않게 볼 수 있다. 하지만 속내를 들여다보면 속이 빈 경우가 다반사다. 그들은 내 집 마련을 포기했고, 저축 이야기를 할 때는 '통장의 가벼움'과 '재테크에 대한 무지함'이 느껴졌다.

부자가 되려면 많이 벌고, 아껴 쓰며, 투자로 돈을 불리라 했다. 대부분의 사람은 돈을 많이 벌기 위해 많은 시간을 쏟는다. 전문직이나 사업체를 운영할 경우 리스크를 감수하더라도 많은 시도를 한다. 그에 반해 봉급생활자의 소득상승은 한계가 있기에 자기계발을 통해 회사 생존 경쟁력을 키우며 오랜 기간 회사에서 생존하려 애쓴다. 그런데 둘 다 이미 들어온 돈에 대해서는 손을 놓고 있는 경우가 다반사다. *결국 이 현실을 극복하기 위해서 필요한 것은 '돈을 지키고 불리는 공부'뿐이었다. 이번에는 누가 등 떠밀어 하는 공부가 아니라 내가 정말 필요해서 하는, 오롯이 우리 가족의 안정된 삶을 위한 진짜 공부 말이다.*

위기의 순간, 나는 언제나처럼 책을 찾았다. 서점에 가서 경제 경영 코너에 있는 책들을 쭉 살펴보았다. 환율·금리·인구·경제 등의 경제 관련 책들이 눈에 들어왔다. 게다가 통장 관리, 아파트를 찍어주는 부동산 정보, 경매 비법서, 땅 투자, 주식 투자, 펀드 투자, 외환 투자 등 다양한 종류의 투자와 관련된 책들이 있다.

경제와 투자는 비슷한 것 같지만 분명 다른 차이가 있다. 축구 선수로 비교하자면 경제 지식은 체력이고, 투자는 기술이다. 현란한 기술로 상대에게 공을 뺏고 패스하며 골을 넣는 기술이 좋으면 다 엔트리 명단에 오를 수 있을까? 아니다. 90분 동안 그라운드를 누빌 수 있는 체력이 부족하다면 아무리 기술이 좋아도 출전의 기회는 얻을 수 없다. 그래서 투자를 공부할 때도 기초가 되는 체력, 즉 경제 공부가 선행되어야 한다.

사람들은 부동산을 외치며 우르르 몰려다니고, 또 주식이 하늘을 뚫을 것처럼 말하는 강연을 맹목적으로 쫓아간다. 마치 공의 움직임만 보며 몰려다니는 '동네축구'와 마찬가지다. 돈이 어떻게 흐르며 이동하는지 전체를 관망할 수 있는 눈이 있어야 한다. 먼저 경제 공부로 기초 체력을 기르고 얇은 귀를 두껍게 하자. 그후 돈 공부를 하며 기술을 습득해야 한다.

지금 바로 시작해야 하는 이유

나는 대입 재수도 하지 않았고, 취업도 4학년 1학기에 확정되었다. 그리고 결혼도 일찍 했고, 생애 첫 집도 20대 후반에 마련했다. 물론 대출을 많이 받았지만 말이다. 어찌 보면 매우 운이 좋은 케이스다. 앞서 언급했듯이 나는 겁이 많은 사람이라 미리미리 준비를 많이 했다. 준비를 먼저 해두면 문제를 미루거나 피하기보다는 정면에서 마주할 수 있는 용기가 생긴다.

이미 가정의 경제를 책임지고 있는 엄마라면 더더욱 하루 빨리 돈에 대한 무지함을 깨달아야 한다. 집안 경제를 외면하지 않고, 답을 찾아나서는 과정이 경제 공부와 돈 공부다. 지금 바로 경제와 돈을 공부해야 하는 이유를 크게 3가지로 요약할 수 있다.

첫째, 직장인의 생명이 짧아지고 있다. 1980~90년대만 해도 평생 직장생활이 가능했다. 또한 60세에 정년퇴직을 하고 직장에서 나와도 기대 수명이 짧았고 금리가 높았기에 퇴직금 이자만으로 노후가 가능했다. 그러나 불행히도 요즈음 급여생활은 영구적이지 않고, 심지어 취업도 늦다. 입사를 위해 어학연수는 필수이고, 학비와 생활비 때문에 휴학을 반복하다가 30세에 겨우 취직한다. 학교를 졸업하고 직장을 구하는 평균 기간이 11개월이고, 첫 직장 근속 기간은 평균 1년 5.9개월인 걸로 나타났다(2018년 5월 경제활동 인구 조사 청년층 부가 조사, 통계청). 그리고 50세 이전에는 대부분 회사를 떠난다.

지금과 같은 100세 장수시대에 남은 50년 동안 돈을 벌 제2의 직업을 가져야 하는데, 구직이 쉬운 것도 아니고 연금만 받으며 살아가기에는 시간이 너무 길다. 노동집약적 산업시대에는 나이가 들어도 숙련공이라는 이름으로 값어치를 해냈다면, 지금은 하루만 지나도 새로운 콘텐츠와 플랫폼이 쏟아져 나오는 세상이다. 연차가 올라갈수록 오히려 내가 가진 지식과 경험이 맞는 건지 의심이 가기 일쑤다. 그래서 조직 내에서의 업무도 위계에 따른 지시적 업무보다는 점점 더 평행적 업무를 지향하고 있고, 정년퇴직을 맞을 수 있다는 건 행운이 된지 오래다.

둘째, 나이가 들면 근로소득은 기대하기 어렵다. 지금은 젊어서 시간과 노동으로 돈을 버는 것이 가능하다. 그러나 간과하는 것이 있다. 나이가 들수록 급격히 떨어지는 노동력 때문에 젊었을 때 돈을 벌고 불릴 수 있는 시스템을 만들어두지 않으면 후에 원치 않는 일을 하며 노후를 살아가야 한다. 다시 말해 근로소득이 더 이상 힘을 발휘할 수 없을 때를 대비해 다른 소득의 자리를 미리 만들어두는 것이 필요하다.

이러한 시스템을 '소득의 파이프라인'이라 한다. 두 청년이 산꼭대기의 물을 매번 통으로 옮겨오는 작업을 한다. 어느 날부터 한 청년은 물을 끌어올 수 있는 파이프를 연결하는 일을 하기 시작했다. 당장은 물을 떠오는 시간이 줄어 수입이 줄었지만 세월이 흘러 파이프가 완성된 다음에는 상황이 달랐다. 손 하나 까닥하지 않고 물이 콸콸 쏟아져 나왔고, 부자가 된 그는 더이상 물통을 질 필요가 없었다. 반면 파이프라인을 만들지 않고 물통을 지고 나르던 청년은 나이가 들어 체력이 떨어지고 병들어 더이상 수입을 얻지 못하게 되었다. 그 청년이 만들었던 파이프라인이 바로 돈을 만들어 내는 시스템이다. 버크 헤지스^{burke hedges}의 『파이프라인 우화^{The Parable of the Pipeline}』에 나오는 내용인데 매우 의미심장하다.

셋째, 앞으로 돈이 들어갈 일이 많다. 우리가 부러워하는 북유럽

을 살펴보자. 그곳은 교육비가 대학까지 무료라고 한다. 의료·보육·실업 등 일생을 살아가며 크게 목돈이 들어갈 필요가 없다. 따라서 예금이나 보험, 연금 같은 금융이 발달하지 못했다. 다시 말해 북유럽에서는 내일을 준비하기 위해 오늘을 희생하는 삶을 살지 않아도 된다. 그냥 행복하고 경쟁 없이 꾸준히 작은 일을 하며 지낸다. 그러나 우리는 어떤가? 사회 안전망이 부재하다는 표현이 맞을 것 같다.

국민 개개인이 스스로의 미래를 준비하지 않으면 안 된다. 불안한 국민연금, 높은 인플레이션, 적은 일자리 속에서 출산과 보육, 사교육비와 노후도 스스로 챙겨야 한다. 당신의 자녀의 교육과 결혼 비용만 계산하더라도 돈은 더 필요하다.

하루를 일찍 시작하면 훗날 한 달이 일찍 편해진다. 한 달을 일찍 시작하면 일 년은 빨리 은퇴할 수 있다. 지금 바로 경제와 돈을 공부해야 하는 이유다.

엄마들의 공부는
왜 심플해야 할까?

도미니크 로로는 이렇게 말했다. "거추장스러운 것을 없애면 넓어지고 밝아지고 가벼워진다."

피카소는 대상의 특징만 살려 단순화하는 데 천부적인 재능이 있었다. 그는 'The Bull(1946년)' 시리즈에서 황소를 단순화시키는 과정을 작품으로 구현했고, 하나의 선만으로 개를 완성했으며, 4개의 선으로 여성을 표현하기도 했다. 그의 작품은 복잡하거나 지루하지 않다. 디테일을 생략하고 단순화한 작품에서 우리는 회화의 기본을 볼 수 있고, 그 단순함과 심플함에서 편안함을 느낀다.

우리는 TMI의 시대에 살고 있다. 'Too Much Information'의 약어로 '지나치게 많은 정보'라는 뜻이다. 손바닥만한 스마트폰으로 전 세계 어느 곳에 있는 정보도 모두 볼 수 있다. 잠시도 쉬지 않고 정보를 머릿속에 욱여넣는다. 정보의 수준과 질은 생각하지 않는다. 여행 장소, 맛집만 찾으려 해도 우리는 TMI에 피곤해한다.

경제 기사도 마찬가지다. 너무 많아 뭐가 더 중요한지, 인과관계가 어떻게 되는지 파악하기가 힘들다. 무엇이 맞는지, 무엇이 옳은지 알기가 어렵기 때문이다. 게다가 미디어에서 쏟아내는 정보를 여과 없이 받아들이는 것 또한 문제다.

우리는 피카소처럼 단순한 선만으로도 모든 표현이 가능할 때 편안함을 느낄 수 있다. 그럼에도 불구하고 방대한 정보의 홍수 속에서 허덕이는 삶을 살고 있다. 지금 우리가 시작할 경제 공부와 돈 공부를 심플하게 정리해보자.

중요한 것만 심플하게

『심플하게 산다L' art de la simplicite』에서 도미니크 로로Dominique Loreau는 이렇게 말했다. "거추장스러운 것을 없애면 넓어지고 밝아지고 가벼워진다."

활용하지도 않을 경제 용어, 부동산 지식, 경매 용어를 알 필요는 없다. 주식도 마찬가지다. 직접 활용하지 않는 현학적인 용어나 투자 기법은 그 일을 업業으로 삼고 사는 사람들에게나 필요하다. 직장인들이나 엄마들에게는 무용하다. 너무나도 많은 정보가 쏟아지면 우리는 그 정보들을 제대로 걸러내지 못하고 피곤해 하며 짜증을 낸다. 대다수의 사람이 경제 공부에 진절머리를 내는 이유는 바로 '중요하고 본질적인 것'이 무엇인지 모르기 때문이다.

우리는 바쁘다는 말을 입에 달고 지낸다. 바빠서 못하고 미루는 일들이 일상이다. 특히 해가 넘어갈 때면 더욱 아쉬움이 남기도 한다. 매일 똑같은 일상에 치이다 보면 날이 가는 걸 모르고 지나갈 때가 많다. 바쁘고 복잡한 하루하루를 보내는 사람들에게 경제학 원론과 부동산 투자법을 들이민다면? 아마 지레 겁먹고 시도조차 못할 것이라 장담한다. 따라서 엄마들의 공부는 심플해야 한다.

- 돈을 많이 모으려면? → **소비와 저축**
- 돈을 어떻게 얼마나 불릴 수 있을까? → **경제와 투자**
- 소득은 언제까지 들어올까? → **생애 소득 총량**
- 살아가면서 필요한 돈은 얼마지? → **생애 재무 설계**
- 아이들은 남부럽지 않게 키워야 되고 → **자녀 교육비**
- 가족들이 편히 쉴 집은 있어야겠는데 → **내 집 마련**
- 노후 준비는 언제부터 얼마나 해야 되지? → **노후 준비**

우리가 매일 묻고 답을 얻으려는 질문들이다. 이 책을 통해 위의 질문들에 대한 답을 찾아가는 과정을 생생하게 보여줄 예정이다. 복잡하고 어려울 때는 최대한 단순화해서 생각해야 한다. 다시 말해 돈에 대한 고민을 단순화한 다음, 핵심과 본질을 관통하는 지식을 갖추고 지혜롭게 적용시켜야 하는 것이다.

더 적게, 하지만 더 쉽게!

많은 공부를 할 필요도 없고, 할 시간도 없는 우리의 현실을 받아들이자. 공부의 효과는 양과 시간에 비례하지 않는다. 중요한 것은 몰입과 끈기다. *복잡하고 어려운 수많은 지식을 이해하느라 시간을 버리지 말고 본질과 핵심에 집중하자.* 심플하게 경제와 돈에 대한 공부를 각각 5가지의 축으로 세워보았다.

경제 공부의 목적은 무엇인가?

합리적인 경제 생활하는 법을 알고 현재 경제 상황을 읽는 눈을 키우는 것이다. 가치 판단의 수치적 근거인 수요와 공급, '비싸다'와 '싸다'를 구별할 수 있는 가격 생성, 물가 상승의 다른 말인 인플레이션, 국내외 시장을 움직이는 금리와 환율, 경제 순환, 이렇게 경제 공부의 핵심만 5가지로 추렸다.

돈 공부의 목적은 무엇인가?

안정적으로 돈을 지키고 인플레이션을 이기는 수익률을 얻기 위함이 목적이다. 돈 공부 역시 5가지로 꼽아보았다. 마법같이 돈이 불어난다는 복리, 투자의 아웃소싱인 펀드, 회사를 보고 투자하는 주식, 산업을 보고 투자하는 ETF, 부동산의 기초인 아파트, 이 5가지만 공부해도 충분하다.

나는 많은 공부와 고민 끝에 가장 필요한 것들로 심플하게 정리를 해냈다. 어렵고, 복잡하고, 공부하는 데 들이는 시간 대비 수익이 적을 분야는 제외했다. 즉 공부에도 손익분기점을 따져 실익이 되는 것만 하면 된다. 나는 이렇게 10여 년간 지속적으로 각각 5가지 분야에 대해 지식을 넓혀나가며 나만의 원칙을 세우고 실행해나갔다.

너무나도 바쁜데
어떻게 공부할까?

소심이 방심을 이긴다고 한다. 아무것도 하지 않고 방심하기보다는 소심하게
차근차근 공부하며 시작하는 게 낫다.

 오늘과 다른 내일을 살고 싶은가? 그렇다면 피곤한 몸과 지
친 영혼에 말랑말랑한 힐링만 찾기보다는 미래를 준비하는
적극성이 필요하다.

나는 아이를 낳은 후 본격적으로 경제 공부를 시작했다. 감사하
게도 시댁에서 육아를 도와주셨지만, 맨땅에 헤딩하는 신규 사업
팀에서 정신도 못 차릴 정도로 바빴었다. 심지어 경영 진단까지
겹쳐 야근과 주말 근무가 일상인 나날들이었다. 몸과 정신이 피폐
해지니 오히려 탈출해야겠다는 각오가 솟아올랐다. 그렇게 경제
와 돈에 대해 지독하게 또 우직하게 기본을 공부했다. 어느 정도
수준까지 오른 뒤 경제 기사를 읽으며 모르는 부분만 보강하며 공

부를 이어나갔다.

하루 24시간 전부가 다 중요하지는 않다. 그 시간의 일부라도 내가 주인으로 사는 것이 중요하다. 하루 2시간만 바꿔보자. 그 시간에 무엇을 공부했느냐가 우리의 미래 모습을 결정한다.

소심이 방심을 이긴다

"이 정도면 됐지. 적당히 잘 살고 있어."

보통 아무것도 하지 않은 채 주변에서 위안을 받고 스스로 안도하며 사는 사람들이 대다수다. 무언가를 시작한다는 게 겁날 수도 있고, 또 잘할 수 있을지 자신도 없다. *특히 주변 사람들에 휩쓸려 '묻지마 투자'를 했다가 손해를 본 경험이 있다면 더더욱 그렇다. 그러나 소심이 방심을 이긴다고 한다. 아무것도 하지 않고 방심하기보다는 소심하게 차근차근 공부하며 시작하는 것이 낫다.*

돈을 관리할 때도 소심은 큰 힘을 가진다. 부자들은 목돈을 굴리며 부를 이전하는 일을 한다. 이에 비해 일반 사람들은 한 달에 1만 원, 3만 원이라도 꾸준히 불입하며 돈을 키워나가는 상품을 찾는다. 한 달에 2만 원씩 넣은 주택 청약통장이 당첨되는 일도 있고, 아동 수당으로 받는 10만 원을 6년 모으면 약 780만 원(적금이자 3%, 예금이자 2.5%, 세 포함)이 되어 초등 저학년 영어 사교육비로 충분한 금액을 이룬다.

이처럼 아무것도 하지 않는 방심보다는 뭐라도 시작하는 소심이 유리하다. 소심의 힘을 잊지 말도록 하자.

완벽한 공부법

빗자루와 삽이 있다. 빗자루는 넓은 면을 쓸어 담을 때 이용하고, 삽은 땅을 깊게 팔 때 쓴다. 이 2가지 도구를 경제 공부와 돈 공부에 적용시키면 좋다.

먼저 빗자루를 사용해 다양한 경제와 돈에 대한 내용들 중 꼭 필요한 것들을 분야별로 모은다. 앞서 고른 각각의 5가지 분야에 대한 개념을 쓸어담자. 그리고 삽으로 깊이를 파고 내려간다. 심화 단계까지 차근차근 내려가서 익히고 실천할 수 있도록 체득화했다면 마무리가 끝난다. 그 다음에는 지속적으로 유지 및 보수하며 업그레이드한다.

지속적으로 공부하는 방법은 다음 5가지 방법을 따라해보자.

첫째, 느슨하게 공부한다. 바쁠 때는 공부도 느슨한 휴식기를 가지고, 한가해지면 그때 집중적 학습기에 들어가며 반복적인 생활을 하면 된다. 지치지 않고 꾸준히 하는 과정이 중요하다. 힘들면 좀 쉬더라도 포기하지 말고 자신만의 질서를 만들어가자.

둘째, 쪼개서 한다. 한 번에 다 하려 하지 않는다. 특히 어려운 경제책은 한 장 읽어 내려가기도 어렵다. 그러니 가능한 쉬운 책

위주로 선택하고, 하루 분량을 2~3장으로 압축한다.

셋째, 습관으로 만든다. 예를 들어 저녁 먹고 책을 본다거나, 밤 9시부터 본다는 등 자신만의 시간 약속을 미리 정하자.

넷째, 여가 생활로 대체한다. 주말에 가족들과 도서관에 가는 것을 추천한다. 함께 있지만 각자 책을 보는 일을 일상화해보면 좋다. 아이는 책 읽는 습관을 가지게 되고, 부모는 아이와 함께 있으면서 공부도 할 수 있어 일석이조의 효과를 볼 수 있다.

다섯째, 자산 목표를 세우고 항상 되새긴다. '수치화되지 않는 것들은 관리할 수 없다'는 말처럼 '결혼 몇 년 차에는 자산 얼마', 이런 식으로 구체적인 계획을 세워보자. 이런 계획표를 세워본 사람이 몇 명이나 있겠는가? 1~2년도 아닌 10년, 그리고 평생의 자산 계획을 세우는 사람들을 주변에서 본 적이 없다. 아마 누구도 시킨 적이 없기 때문이 아닐까 한다. 여행 계획은 숙소부터 맛집까지 잘 세우면서 우리 가족 중장기 경제 계획은 왜 늘 뒷전이었던가.

평범한 일상을 지켜주는 돈

평범한 사람들이 소박한 명예를 꿈꾸며 일상을 살아가는 건 그리 어렵지 않다. 그러나 평생 지속 가능한 삶으로 만들기 위해서는 좀더 높게 '부자'를 목표로 해야 한다. 이것은 마치 인간이 쏘아올린 위성이 지구 궤도를 도는 이치와 비슷하다. 발사된 위성은 대기권을 뚫고 나아가 지구 중력의 영향이 미치는 궤도를 따라 지속적으로 돈다. 우리가 월급이라는 에너지로 위성을 밀어올려 궤도까지 다다르게 하면, 자산은 위성처럼 우리 주변을 맴돌며 지켜줄 것이다.

우리집 자산을 드라마틱하게 만들어줄 엄마의 경제 공부, 돈 공부의 시작은 이렇게 출발한다. '들어오는 돈을 지속적으로 늘리고, 나가는 돈을 줄이며, 남은 돈을 불리면 된다.' 이 3가지 단순한 이론을 바탕으로 '경제 공부'를 통해 기초 체력을 쌓고, '돈 공부'를 활용해 본인에 맞게 전략적으로 조합해보자.

기본적인 개념도 모르는 채로 유행을 좇거나 감각만으로 투자하는 것은 위험하다. 지속 가능한 경제 습관, 지속 가능한 투자 습관이 몸에 배도록 하는 것이 반드시 필요하다. 자, 지금부터 경제적 습관에 대한 이야기를 시작해보려 한다.

경제 습관
탑재가 먼저다

정리하고, 처분하고, 안 사고, 기증하기. 내가 정한 기준에 맞게 사고하고 행동
한다면 부자가 되기 위한 필수 조건은 다 갖춘 셈이다.

『삶의 정도』의 저자 서울대 윤석철 교수는 이렇게 말했다.
"세상이 복잡해지면서 머릿속 생각이 복잡해지고, 욕망과
가치관이 복잡해진다. 복잡함을 떠나 간결함을 추구하라. 복잡한
것은 약하고, 단순한 것이 강하다."

*부자들의 선택은 늘 명료하다. 그들은 자신만의 기준을 정한 뒤
핵심 한두 가지만 고르고 나머지는 다 버린다. 그래서 결정도 빠르
고, 후회도 없다.* 지속 가능한 경제생활을 하기 위해서 부자들처럼
복잡했던 생각과 행동을 정리해볼 필요가 있다. 그 중에서도 필요
한 것들은 빼지 않고 불필요한 것들을 제거해나가는 방법을 알고
습관화해보자.

나만의 기준을 정하자

세상 모든 일의 출발은 '나'를 아는 것에서 시작한다. 스스로 필요하거나 필요하지 않다고 생각하는 기준이 무엇인지 생각해보자. 그 기준은 가급적 소비를 많이 하지 않아도 충만함을 가질 수 있는 것이면 좋다.

이런 기준은 사람마다 자라온 배경과 주위 사람들의 영향에 따라 다르다. 나의 경우, 어머니가 살아오던 방식과 시대가 기준점이다. 항상 무언가를 구입하기 전에 스스로에게 질문한다. '우리 엄마였으면 이걸 샀을까? 옛날 우리집에 이런 게 있었던가?'

어머니는 수도가 있는 아파트에 살면서도 종종 냇가에서 빨래를 하셨다. 이처럼 이제 불가능한 것은 따르지 못하지만, 1980~90년대 시절 물자가 귀하고 다양하지 않았던 때를 생각하며 소비하려 한다. 그때는 제조업의 안정된 일자리가 넘치고 서비스업은 별로 없었다. 그만큼 쇼핑이나 외식을 할 수 있는 환경이 아니었다. 또한 내수용 제품들은 많이 만들지 않았고, 중국산 제품은 존재하지 않아 저가 쇼핑을 맘껏 할 수도 없었다. 일본 수입의 고급 제품들만 간간히 수입상을 통해 살 수 있었던 시대였다. 특히 냉장고, 세탁기, TV 같은 전자제품은 '순간의 선택이 10년을 좌우한다'고 할 정도로 귀한 물건이었다.

그래서 오히려 그때가 지금보다 더 단순하고 의사결정이 간단한 시기이지 않았나 생각한다. 나는 그 시대를 기준으로 지금을 살아간

다. 나는 참 과거에 사는 사람이다.

그간 이사를 몇 번을 다녔지만 우리집 가전은 신혼살림에서 바뀐 게 없다. 심지어 아직도 브라운관 TV를 본다. 신제품의 복잡한 기능도 싫지만 새로운 물건을 사기 위해 시간과 에너지를 소비하는 게 피곤하다. 같은 맥락으로 쇼핑몰이나 백화점 가는 걸 좋아하지 않는다. 만약 가게 되더라도 기가 빨려나가는 기분마저 들어 집에 오면 피곤해 쓰러진다.

이런 생활 방식은 다른 사람의 시선을 중요하게 생각하지 않기 때문에 가능하다. 옷을 살 때도 다른 사람이 알아봐주길 기대하며 사지 않는다. 물론 격식에 맞춰 입을 수 있는 정장을 갖추고 있지만 나머지는 거의 운동복이다. 자동차를 고를 때도 연비와 후방 카메라만 생각했다. 매일 운전을 해야 하기에 연비가 좋아야 했고, 후방 카메라 도움 없이는 주차에 시간이 많이 들기 때문이다.

무언가를 사고자할 때 본인이 정한 기준만 충족한다면 나머지에는 돈을 들이지 않는다. 가치를 느끼지 못하는 부분에 돈을 쓰지 않는 것 또한 원칙이기 때문이다. '가치>가격>원가'가 정확하게 맞아 떨어져야 비로소 지갑을 연다. 이처럼 자신만의 기준을 정립하면 '심플하게 살기'가 좋아진다.

부자가 되기 위한 습관

나만의 기준을 정했다면, 다음으로 이 4가지만 기억하자. '정리하고, 처분하고, 안 사고, 기증하기.' 내가 정한 기준에 맞게 사고하고

행동한다면 부자가 되기 위한 필수 조건은 다 갖춘 셈이다. 어떻게 생각하면 미니멀리즘의 여유와 일맥상통할 수도 있다.

돈을 많이 버는 것이 아니라 많이 모으는 것이 중요하다. 나도 모르게 써버리는 돈과 시간, 에너지의 근본적 문제가 무엇인지 깨닫고 생활 습관을 바꿔보자. 평생의 동반자로 경제활동을 해나가기 위해 필요한 생활 습관은 어떤 것이 있을까? 공간, 시간, 머릿속, 인간관계, 이렇게 4가지로 나누어 이야기해보자.

공간

대학 시절에 기숙사 룸메이트였던 후배는 개인 책상 위가 항상 수북하게 책이며 옷으로 쌓여있었다. 함께 생활하는 사람들에게 미안하지도 않은지 점점 물품들이 책상 아래며 의자 위까지 점령해 나갔고, 결국에는 침대 위마저도 누울 자리만 남기고 옷들이 쌓여있었다.

후배는 고3때까지 공부하느라 바빠서 방 정리는 늘 엄마가 해주셨다고 했다. 그래서 머릿속에 '정리'라는 개념과 행동이 없었던 것이다. 아침에 일어나 잠옷을 뱀처럼 벗어놓고 학교에 갔다가 돌아오면 다시 방은 가지런히 정리되어 있었고, 철이 바뀔 때는 옷장 옷들이 바뀌어 있었으며, 학년이 지나면 책상 위의 문제집과 교과서도 말끔히 정리되어 있었다고 한다. 그 이후 독립하고도 한동안 정리가 무엇인지 몰랐다며 진지하게 반성을 시작했다. 그러나 후배는 정리에 대한 개념이 없었고, 당연히 정리 습관도 없어 많이 힘들어했다.

　몇 해 전 MBC에서 〈물건이 사는 집〉이란 다큐멘터리를 방송했다. 아까워서 못 버리는 물건들, 샀는데 어디에 뒀는지 몰라 또 산 물건들, 사은품으로 받은 물건들, 한꺼번에 사면 싸다고 대량 구입해서 적재해둔 물건들, 남들 따라 산 물건들, 눈앞의 유혹에 빠져 충동구매했던 물건들, 남의 눈 신경 쓰느라 허세 부리듯 사온 물건들, 새로 출시된 제품이라 써보려고 사온 물건들 등등 그 사연도 정말 다양했다. 문제는 물건들 때문에 발 디딜 틈 없어 집 안에 먼지가 쌓이고 곰팡이가 생겨 생활환경이 급속히 나빠졌다는 것이다. 그러다가 정리 컨설턴트의 도움으로 어마어마한 물량의 쓰레기들을 처분하고 새롭게 태어나는 모습을 볼 수 있었다.

　그러나 정리 컨설턴트의 도움을 받는 비용은 생각보다 꽤 많이 든다. 물건을 사면서 돈을 쓰고, 물건을 버리기 위해 돈을 쓴다. 왜 이렇게 많은 물건 속에 살아가고 있었던 걸까?

　정리가 습관화되어 있지 않은 사람, 정신적 허기를 채우기 위해 물건을 계속 사모으는 사람. 결국 들어오는 물건은 있고 나가는 물건은 없어서 비롯된 일들이다. 공간을 채우면서 정작 중요한 자신을 잃어가고 있다.

　더 심각한 사실은 이렇게 불필요한 물건들을 사기 위해 지출하는 비용을 깨닫지 못한다는 것이다. 불필요한 물건 사는 비용을 월 30만 원 아끼면 10년 뒤 5,600만 원이고, 월 100만 원이면 10년 뒤 1억 9천만 원(8% 수익률, 세 포함)이다.

아무것도 없는 방안에서 취하는 깊은 숙면, 불필요한 용품을 비워내고 얻는 욕실의 청결함, 비워진 식탁에서 소박하게 먹는 저녁 식사, 쓰지 않는 물건을 기부하면서 받는 기부금 영수증, 물건을 쇼핑하는 것 대신 펀드와 적금을 쇼핑하면서 얻는 경제적 안정감. 이것들을 내 생활 속으로 끌어들이고 싶다면 지금부터 주변을 정리해보자. 주변을 비울수록 채워지는 추억들로 분명 내 삶이 풍요로워질 것이다.

시간

"요즘 바쁘니? 언제 시간되면 밥 한 번 먹자."

"응, 그래. 요새 좀 바쁘네. 조만간 연락할게."

우리는 일상적으로 누군가와 만났다 헤어질 때 이렇게 인사를 나눈다. "다시 만나자"라고 말하고 헤어지지만 바쁜 생활 속에서 언제가 될지 기약이 없다.

나이가 들어갈수록 하루가 정말 짧다. 어찌 보면 우리는 모두 '프로바쁘러'라고 바쁜 사람이 되려 애쓰는 듯하다. 마치 바쁘지 않은 사람은 살짝 사회에서 낙오되어가는 사람처럼 느껴지게 말이다. 그 많던 시간들은 도대체 어디로 갔을까?

정작 부자는 시간적 여유가 있다. 그들은 여유 있게 오전에 햇살 좋은 카페에 나와 간단한 식사와 커피 한 잔을 한다. 식물을 가꾸고, 운동을 다니고, 가족과 함께 많은 시간을 보낸다. 그들에게는 특별히 하루 24시간 말고 덤으로 주어진 시간이 있는 것일까?

지금 부자가 아니더라도 불필요한 시간을 없애고, 24시간의 자투리 시간을 재조합한다면 충분히 여유를 가질 수 있다. 시간을 모아쓰는 습관은 생활에서 시작된다.

불필요한 시간을 최대한 빼버리려고 애써보자. 대중교통을 이용하며 책을 읽거나 친구들에게 안부 문자를 보내고, 새벽에 인터넷 쇼핑몰로 장을 보며, 자기 전에 다음날 먹을 요리를 해보자. 이렇게 자투리 시간들을 재발견해 사용해야 한다.

엄마들이 가장 힘들어하는 집안 청소를 예로 들어보자. 이때 자투리 시간을 만들기 위한 가장 좋은 방법은 청소 도우미의 손을 빌리는 것이다. 그러나 이는 돈이 들기 때문에 녹록하지 않다. *돈이 들지 않으면서 자투리 시간을 만드는 가장 합리적인 방법은 '일상에 집안일을 붙이는 것'과 '집안 상태의 절대 기준을 조금 낮추는 것'이다.* 30~40년간 집안일을 해오신 어머니의 깔끔하고 날렵한 선이 살아 있는 살림 수준을 기대하지 말고, 현실적으로 내 눈높이를 좀 낮춰보자. '이 정도면 됐지' 이렇게.

일상에 집안일을 붙이는 방법

- 샤워한 뒤 스퀴즈로 타일과 바닥, 유리의 물기를 닦아낸다.
- 설거지한 뒤 싱크볼을 극세사 수건으로 닦고, 거름망을 엎어서 건조시킨다.
- 이불을 갤 때 탈탈 먼지를 털고 나서 갠다.
- 물티슈를 쓰면 창틀을 한 번 닦고 버린다.
- 신발을 신을 때 현관을 정리한다.

- 운동하러 나가면서 음식물 쓰레기를 버린다.
- 바닥에 물건을 두지 않고, 청소 도구는 보이는 곳에 둔다.

매일 반복되는 일상에 집안일을 살짝 붙이면 따로 시간을 낼 필요가 없다. 이렇게 만들어낸 시간은 충분히 다르게 활용할 수 있으니 얼마나 경제적인가. 시간이 없어서 못하는 것이 아니라 시간을 비효율적으로 쓰고 있어서 못했던 많은 것이 그제서야 눈에 보인다. 이렇게 쪼개고 모아서 만들어낸 시간에 우리는 차분히 앉아 책을 읽고, 명상을 하고, 가계부를 쓸 수도 있다.

머릿속 정리

우리는 과잉 정보의 시대에 살고 있다. 출근길 밤새 일어났던 일들부터 세계 곳곳에서 발생했던 사건, 이번 주말의 날씨, 연예인 뉴스, 증권가 소식 등 끊임없이 정보를 받는다. 너무 많은 데이터 속에서 진실된 것, 필요한 것, 유익한 것만 추출해내는 작업도 시간이 많이 소요된다. 특히 경제면에는 서로가 전문가라고 말하는 사람들이 각각 다른 시선으로 시장을 분석하기 때문에 진실을 찾는 것이 꽤 어렵다. 이럴 때 필요한 방법으로 '구조화Structuration'와 '패턴화pattern'를 추천한다.

구조화란 일관성 없는 복잡한 문제들을 프로세스를 통해 단순화해 정리하는 것을 의미한다. 주로 부분이나 요소가 어떻게 전체를 이루는지 나타내는 모형으로, 화살표와 간단한 도형으로 그려

낼 수 있다. 이렇게 일을 할 때도 머릿속을 구조화한다면 훨씬 더 효율성이 올라간다는 사실을 자연스럽게 알 수 있다.

패턴화는 반복적인 의사결정 과정을 생략해서 시간과 에너지를 절약할 수 있게 해준다. 초등학생인 딸아이는 몇 년째 동일 모델의 신발만 신는다. 해마다 사이즈는 바꿔주지만 지겹지 않은지 한 디자인만 고집한다. 발볼이 넓어서 편하고 회색에다 심플한 디자인이라 아무 옷에나 어울린다는 것이 그 이유다. 어른이 될 때까지도 같은 디자인의 신발만 신겠다고 하니, 어느새 그 신발은 딸아이의 시그니처 스타일이 되어버렸다. 딸아이는 신발 구입을 '패턴화'시킨 거다. "신발 때문에 매번 신경 쓰는 것도 싫고 쇼핑 다니기도 귀찮아." 신발뿐만 아니라 마음에 드는 바지나 티셔츠는 한 번에 몇 개씩 산다. 역시 같은 이유에서다.

이렇게 복잡한 머릿속을 '구조화'하고 '패턴화'해보자. 그러면 삶이 훨씬 단순해지고, '여유'라는 선물을 얻을 수 있다.

인맥 정리

SNS는 또 어떤가? 스마트폰 연락처와 연동되어 원하지 않아도 수많은 사람의 일거수일투족을 시시때때로 보고 받고 있지는 않은가? 마음은 있지만 자주 연락하지 못했던 사람들의 안부라면 반갑기라도 하지만, 지속적으로 타임라인에 남에게 보여주기 위한 사진들을 도배하는 사람들은 그냥 차단하고 싶을 때가 많다.

사회 초년생인 시절 나 또한 남의 시선과 잣대를 기준으로 스스로를 정의했던 시절이 있었다. 남들과 다른 옷과 비싸고 유명한 가방을 소지해야만 인정받을 수 있을 것 같은 철없던 생각으로 몸과 마음이 힘들었다. 나를 알지도 못하는 사람들이 정해놓은 성공의 기준에 나를 맞추려고 했던 것이 너무 후회된다.

아직도 다른 사람들의 시선에 신경쓰고 복잡한 인간관계로 스트레스를 받고 있다면, 이제 더이상 보고 싶지 않은 사람을 정리하도록 하자. 비워진 술잔에 새 술을 따를 수 있듯이 그 사람들을 정리해야 내게 맞는 새로운 사람을 만날 수 있다. 예를 들어 10명을 정리하고 10명의 새로운 사람을 사귀는 방식으로 순환을 해볼 것을 제안한다.

정리할 사람

- 3년 이상 연락하지 않는 사람
- 만날 때마다 부정적인 이야기만 늘어놓는 사람
- 나에게 항상 부탁만 하는 사람
- 화를 자주 내고 무례한 사람
- 시기와 질투가 많은 사람

새롭게 만날 사람

- 취미나 독서 등의 모임에서 만나는 사람
- 직간접적으로 다양한 경험이 많은 사람
- 친한 친구가 추천해준 사람

- 비슷한 소명과 비전을 가진 사람

- 상대가 부담을 느끼지 않을 정도로 호의를 베푸는 사람

대부분의 사람은 나이가 들수록 불필요한 인간관계에 시간과 에너지를 뺏기고 싶지 않아 한다. 주고받는 관계가 아닌 받기만 하거나 주기만 하는 사이가 된다면 오래갈 수 없음을 점점 깨닫는다.

젊은 시절 수많은 사람과 잦은 만남을 통해 얻은 것과 잃은 것들에 대한 데이터가 쌓일수록 결국 내 곁에 남는 사람이 누군지 알게 된다. 그렇게 알게 된 중요한 사람에게 더 많은 시간을 효율적으로 쓰라고 말하고 싶다.

공포를 극복하는 방법

엄마들의 사교육 걱정은 끝이 없다. 교육에 대한 소신을 가지기도 힘들고, 옆집 엄마의 걱정도 비교도 아닌 말들에 괜히 마음만 술렁인다. 나 역시 그랬다. 아무것도 모르니 학원 상담을 가도 쉽게 흔들렸다. 특히 아이가 어릴 때 수많은 영재 교육 교구와 전집에 낚이는 것도 비슷한 이유다.

나는 얼마 전 입시 설명회를 다녀왔다. 영화관 하나를 빌려 입시 전문가를 초청해 대학 입시 경향과 학교별 등급을 설명하는 것이 주 내용이었다. 사전 예약은 기본이었고, 시작 전부터 좌석이 꽉 차서 뒤에 서서 듣는 사람들도 많았다. 나는 아직 초등학생 학부모인데 왜 입시 설명회를 찾아갔을까? 사교육에 열혈 엄마도 아니고, 지금 입시 정책이 내 아이 때까지 지속되리라는 믿음이 없는데도 말이다.

단지 공포를 극복하기 위해 찾아갔을 뿐이다. 일반고와 자사고, 학종과 교과, 정시와 수시, 절대 평가 과목은 무엇이며 선택 과목은 어떤 기준으로 골라야 하는 건지 몰라 두려웠기 때문이다. 우리나라 사교육은 대입 경향에 맞춰 나무 뿌리처럼 초등까지 내려오는 게 특징이다. 그래서 큰 그림을 먼저 보고 중요도와 긴급도를 체크해야 우리 아이에게 꼭 맞는 교육을 시킬 수 있다. 입시 설명회는 큰 그림을 볼 수 있는 좋은 기회다. 다행히 설명회 이후 무엇이 중요하고 무엇을 언제 시키면 좋을지 나름의 기준을 세울 수 있었다.

이렇듯 모르면 공포스럽고, 주변에 휩쓸린다. 돈도 마찬가지다. 돈을 기막히게 불려주겠다는 사람이 친절한 모습으로 나타난다. 우리의 돈을 둘러싼 은행, 부동산, 증권, 분양 사무소 모두 자신의 목적을 숨긴 채 투자를 권한다.

"언니가 나보다 재테크는 잘하니까, 난 그냥 언니만 믿고 투자하는 거야."

"정말 여기가 다 재개발이 되면 30평대 아파트를 공짜로 받을 수 있다구요?"

"코스피가 연내 2700까지 간다고 했어. 지금 예금·적금 깨서 다 주식에 넣을 거야."

"이 상가는 월세만 월 400만 원씩 나온대. 임대도 사무실에서 맞춰주시고."

"경매로 돈 벌기 쉽댔어. 무조건 세일 가격이야."

지인은 돈을 들고 잠적하고, 재개발은 10년이 될지 20년이 될지 기약없이 조합장만 몇 번이나 바뀌고 있다. 외인들은 연일 주식을 팔아치우고, 신도시 상가는 언제 임대가 들어올지 미지수다. 심지어 경매는 시장가보다 높은 가격에 낙찰 받고 있다.

이 모든 게 몰라서 일어나는 일들이다. '나보다 더 전문가들이니까 믿고 맡겨야지라'는 순진한 생각 때문이다. 외나무 다리에서 눈을 감고 누군가의 손에만 이끌려간다면? 눈을 뜨면 무서우니 계속 눈을 감고 가는 행위다. 그 누군가가 손을 놓아버린다면 그 자리에 멈추거나 다리 아래로 떨어질 수도 있는데도 계속 눈을 감고 있어야 할까?

알면 두렵지 않다. 공포는 정면에서 맞서서 봐야 한다. 그러기 위해서 먼저 큰 그림을 보자. 경제와 돈을 미리 공부한다면 최소한 다른 이에게 이용당하는 일은 없을 것이다.

돈 버는 3단계 QUICK SUMMARY

목적 : 부자가 되겠다

방법1.	방법2.	방법3.
돈을 많이 번다	나가는 돈을 줄인다	남는 돈을 불린다

자기계발	간소한 삶	경제 공부
꾸준한 소득	선택과 집중	돈 공부

경제 공부

수요와 공급, 가격 생성, 인플레이션,
금리와 환율, 경제순환

돈 공부

복리, 펀드, 주식, ETF, 아파트

누구나 부자가 될 수 있다. 물론 부모에게 물려받은 재산으로 남들보다 먼저 부자가 된 사람도 있다. 그러나 그렇다고 상황과 소득을 원망하고 주저앉을 것인가? 누구와도 비교하지 않는 나만의 목표점을 찾자. 결국 인간은 목표한 것만 이루게 된다. 나만의 틀을 세우고 룰을 정하자. 나답게 소비하고 결핍을 긍정하며 조급해하지 않아야 한다. 돈은 벌어서 모으고 불리면 된다.

2장

이제는
부자를 꿈꿀 나이

부에 대한 정의를
확실히 세워보자

"큰 부자는 하늘에 달려 있고, 작은 부자는 부지런함에 달려 있다." 작은 부자
가 되는 건 우리 생에 가능한 일이다.

'부자'라는 단어를 들었을 때 가장 먼저 떠오르는 사람은
누구인가? 새로운 분야에 기업을 진출시킨 아마존이나 페
이스북의 창업자일 수도 있고, 국내 대기업 재벌일 수도 있다. 뿐
만 아니라 엄청난 연봉을 자랑하는 연예인이나 스포츠 선수도 있
고, 눈이 오면 집 앞을 쓸고 있는 평범한 차림의 우리 동네 건물주
도 부자에 속한다고 할 수 있다.

좀더 객관적인 자료를 근거로 한 부자의 정의를 알아보자. 글로
벌 투자은행 크레디트스위스의 금융 연구소Credit Suisse Research Institute:
CSRI가 발행한 〈2018 세계 부(富) 보고서〉는 자산 100만 달러(한화 약
11억 원)를 부자라 정의한다. 전 세계에는 4,200만 명의 백만장자가

있고, 그 중 한국에는 75만 명이 있다. 국가별 순위로 봤을 때, 한국은 11위다. 국내에서는 대표적으로 KB금융지주 경영연구소가 조사 및 발표하는 '한국부자'가 있다. 여기서 말하는 부자의 기준은 금융 자산(예적금, 보험, 채권 및 각종 금융 투자 상품에 예치된 자산)을 10억 원 이상 보유한 개인이고, 〈2018 한국 부자 보고서〉에 따르면 대략 28만 명이 해당된다.

국내에서 생각하는 부자의 기준은 세계적 기준보다 좀더 높다. 이렇듯 부자는 어떤 기준은 적용하느냐에 따라 달라진다. 즉 절대적인 기준이 없다는 말이다. 또한 누가 생각하는가에 따라 부자에 대한 기준이 달라지기에 상대적 개념이라 할 수 있다. 10억 원을 가진 사람에게는 100억 원을 가진 사람이 부자고, 1억 원을 가진 사람은 10억 원을 가진 사람이 부자다. 동네 건물주에게 부자는 재벌이고, 재벌에게 부자는 조만장자들일 것이다.

상대적인 부자의 개념을 객관적으로 단계를 나누어 구분해보려 한다. 이제 우리는 지속가능한 삶을 위해 부자가 되기로 했고, 어느 수준까지 가능할지 합리적으로 상상해볼 차례이기 때문이다.

부자의 3단계 구분

부자라는 범위가 너무 넓으니 쪼개서 알아보자. 부자는 크게 다음의 3단계로 구분할 수 있다.

첫 번째 단계는 창업자형 부자다. 이들은 신규 시장에 조기 진입하거나 혁신적인 아이디어로 미개척 분야에 진출해 패러다임을 바꾼 사람들이다. FAANG^{Facebook·Amazon·Apple·Netflix·Google}이라 부르는 미국의 IT업계 창업주나 유니클로, 자라 같은 SPA 브랜드를 만든 제조업 창업주들이다. 이들은 이른 나이에 뛰어난 능력으로 사업을 시작했고, 인류의 삶을 바꾸면서 천문학적인 돈을 벌었으며, 사회에 많은 돈을 기부하고 있다. 이렇게 사업을 통해 부를 축적하면 몇 백억 원에서 몇 천억 원, 심지어 조 단위까지 자산을 보유한다.

두 번째 단계는 상속형·전문가형·사업가형 부자다. 먼저 상속형은 재산을 물려받아 부자가 된 사람들이다. 땅이나 집이 개발되어 받은 보상금이나 주식을 물려받는 경우가 대부분이다. 또는 부모가 많은 돈을 자녀에게 증여하는 경우도 포함된다. 재건축 아파트를 몇 채씩 사놨다가 자식이 결혼할 때 하나씩 주는 것이 재테크의 정석처럼 회자되는 이유도 이러한 사례가 많아서일 것이다. 전문가형이나 사업가형은 회사의 임원이 되어 높은 연봉을 받거나 의사나 변호사 등의 라이선스가 있는 직업 또는 사업을 통해 부자가 된 사람들이다. 30억 원에서 몇 백억 원의 자산을 가진 사람들이 여기에 속한다.

마지막으로 세 번째 단계는 직장인, 자영업자 부자다. 주변에서 쉽게 볼 수 있는 사람들로 돈의 이치를 깨닫고 저축과 투자를 통해 부자가 되었다. 뛰어난 능력이나 돈 많은 부모 없이도 부자의 단계에 들어설 수 있다는 희망을 보여준다. 이들은 살 집, 자녀 학비, 노후자금 등에 대한 돈 걱정에서 벗어났다. 일하는 동안 월급을 대체할 수 있는 소득이 꾸준히 들어오는 시스템을 만들었기 때문에 시간을 자신의 의지대로 쓸 수 있다. 보통 10억 원에서 30억 원 수준의 자산가를 의미한다.

가구당 순자산 정도

그렇다면 우리의 실정은 어떠한가? 가구당 평균 순자산 정도를 알아보기 위해서 〈2017 가계금융 복지 조사〉를 확인해보았다. 이 보고서는 통계청이 금융감독원 및 한국은행과 공동으로 매년 가계금융 복지 조사를 실시하며 가계의 자산·부채·소득·지출 등을 통해 경제적 삶의 수준과 변화를 알아보기 위해 전국 2만 표본 가구를 대상으로 조사한 결과 보고서다.

그 결과 2017년 3월 말 기준 가구당 평균 자산은 3억 8,164만 원, 부채는 7,022만 원이다. 전체 가구 중 보유액이 10억 원 이상인 가

가구당 순자산 보유액 구간별 가구 분포

[단위: %, %p]

순자산 (억 원)		~1 미만	-1~0 미만	0~1 미만	1~2 미만	2~3 미만	3~4 미만	4~5 미만	5~6 미만	6~7 미만	7~8 미만	8~9 미만	9~10 미만	10 이상	평균 (만 원)	중앙값 (만 원)
가구 분포	2016년	0.2	2.6	31.9	19.1	13.9	9.5	6.3	4.5	3.0	2.0	1.5	1.2	4.6	29,918	17,740
	2017년	0.2	2.7	31.2	18.5	13.6	9.4	6.8	4.6	3.2	2.2	1.5	1.2	5.1	31,142	18,525
	전년차 (비)	0.0	0.1	-0.7	-0.6	-0.3	-0.1	0.5	0.1	0.2	0.2	0.0	0.0	0.5	4.1	4.4

출처: 한국은행, 통계청

구는 5.1%이며, 1억 원 미만 가구는 34.1% , 1억~2억 원 미만 가구는 18.5% 등의 순이며, 3억 원 미만 가구가 전체 가구의 66.2%를 차지한다. 전년에 비해 0~1억 원 미만 보유가구의 비중은 0.7%p 하락하고, 4억~5억 원 미만과 10억 원 이상 보유 가구의 비중이 각각 0.5%p 상승했다. 정리하자면 우리나라 가구당 순자산이 10억 원 이상이면 상위 5%(3단계 부자)에 들 수 있다는 의미이며, 그 비중은 해마다 늘어나고 있다.

Why not me?

다시 수능을 쳐서 의대나 법대를 들어갈 수도 없고, 돈 많은 부모 밑에서 다시 태어나는 것도 불가능하다. 첫 번째, 두 번째 부자는 되지 못하더라도 마지막 세 번째 부자는 가능하다. 어느 시대에도 보통 사람들이 부자가 될 수 있는 길은 분명히 있다. 『명심보감』에 이런 말이 있다. "큰 부자는 하늘에 달려 있고, 작은 부자는 부지런함에 달려 있다大富有天, 小富有勤." 작은 부자가 되는 건 우리 생에 가능하다고 옛 말씀에서도 말해주고 있지 않은가.

또한 내가 그 증거라고 할 수 있다. 물론 힘들었고 지리멸렬할 때도 있었지만 평범했던 내가 해냈기 때문에 누구라도 할 수 있다고 믿는다. 나는 특별한 정보력도 없었고, 엄청난 재테크 지식이나 운이 있는 것도 아니었다. 야근과 주말 근무에 시달리던 평범한 위킹맘이었고, 성실함과 소심함이 특징이며, 1년에 한 번씩 병원에 입원하던 저질체력의 소유자다. 그런 내가 남들과 조금 다른 것이 있다면, 풍부한 지적 호기심을 바탕으로 한 독서력과 'Why not me?'라며 뭐든지 할 수 있다는 긍정적 사고뿐이다.

다들 너무 어렵다고 생각하지 말자. 할 수 있다는 절실한 마음으로 '부자 되기' 프로젝트를 시작해보자.

월급의 소중함을
깨달아야 한다

월급은 우리 가족에게 꼭 필요한 소중한 돈이며, 훌륭한 종잣돈이다. 만약 월급이 오른다면 자산 증식에 핵심적인 역할을 할 수 있다.

'먹고사니즘', 먹고 살기 위해 돈을 버는 우리의 인생을 철학적으로 생각해볼 수 있는 신조어다. 지금 먹고 살기 위해 돈을 벌고, 노년을 대비하기 위해 돈을 모아둔다. 가능한 오랫동안 소득을 유지할 수 있게 공부도 하며, 저축과 투자도 한다.

우리는 왜 지속적으로 소득을 만들어야 할까? 소득의 대부분은 월급이니 대표적으로 월급에 대해 생각해보기로 하자.

대부분의 사람이 직장을 떠나지 못하는 이유는 아직 부자가 아니기 때문이다. 그렇다면 새벽부터 밤까지 열심히 일하는데 왜 돈 걱정은 끊임없이 계속될까? 도대체 얼마를 모아야 이런 삶에서 벗어날 수 있을까? 노동 없이 자본이 돈을 만들어주는 시스템은 어떤 것

이 있을까?

자본소득 중 최고는 이른바 돈이 돈을 벌어다준다는 임대소득이다. 임대소득은 주택과 건물, 토지 등의 부동산을 빌려주고 받는 소득을 의미한다. 대한민국 초등학생들의 꿈이 건물주라는 말이 있을 정도로, 노후 자금으로는 매달 받을 수 있는 월세가 최고다.

다음으로는 이자소득이다. 예금이나 채권 등의 금융자산을 통해 얻는 이자를 말한다. 저금리 시대에는 크게 도움이 되지 않지만 손실 위험이 없는 가장 안정적인 소득이다.

그리고 배당소득이 있다. 주식이나 투자한 사업체로부터 원금을 제외하고 주기적으로 이익의 일부를 돈으로 받는 것이다. 연금소득은 공적 연금·퇴직 연금·개인 연금·주택 연금 등으로 나눠지며 노년에 매달 받는 일정한 수입을 말한다. 마지막으로 매매 양도 차액이나 저작권을 통해 받는 소득이 있다.

월급의 정의

직장을 선택하는 기준은 여러 가지다. NH투자증권 100세 시대 연구소가 2016년 직장인 1,152명을 대상으로 '직장 선택시 가장 중요하게 고려하는 요소'를 조사해 발표했다. 자료에 따르면 월급(56.9%), 적성(10.3%), 정년보장(10.1%), 노동시간(8.4%), 회사의 성장성(3.9%), 기타(10.4%) 순이었다. 가장 중요하게 생각하는 요소는 역시

'월급'이었다.

어떤 이는 월급을 이렇게 정의하기도 한다. '내 시간과 노동력을 제공하고 받는 돈, 정신적 스트레스를 감내하고 받는 치료비, 이 일 말고 다른 일을 포기한 대가로 받는 기회비용.' 여기에 하나 더 추가하고 싶다. 입사하기까지 쏟았던 모든 학비와 취업하기 위해 쏟은 노력의 대가도 포함하자. 이렇게 생각하면 월급은 그냥 써버리기엔 꽤 무거운 존재임이 틀림없다.

그러나 월급을 스트레스를 풀기 위해 쓰는 돈, 요즘말로 '시발비용(비속어인 '시발'과 '비용'을 합친 단어로, 스트레스를 받지 않았으면 발생하지 않았을 비용)'을 너무 많이 써버린다. 손꼽아 월급을 기다려봤자 '월급님이 로그인 하셨습니다'와 동시에 '월급님이 로그아웃 하셨습니다'가 되어버리는 게 현실이다. 왜 우리는 월급의 주인이 되지 못한 채 노예로 살고 있을까?

월급의 중요성

적어도 직장은 좋은 곳이다. 물론 일은 힘들고 나와 맞지 않는 사람들이 가득하다. 그래도 정해진 날에 월급을 받고, 개인적인 사유로 연월차를 사용할 수 있으며, 경우에 따라서 휴직도 가능하다. 따라서 직장에서 나오는 월급은 나와 내 가족이 살아갈 수 있는 소중한 돈이며, 훌륭한 종잣돈 역할을 할 수도 있다. 게다가 연차나 호봉이 올라갈수록 월급도 상승해 자산 증식에 핵심적인 역할을 할 수 있다.

"내가 회사를 나가도 이 월급 못 벌겠어?"

"내 꿈은 이게 아니었어. 가슴 뛰는 일을 찾고 싶어."

"맨날 저 모양인 상사 보기 싫어 회사 관둬야겠어."

직장인들은 하루에도 몇 번씩 퇴사를 결심한다. 쥐꼬리만한 월급은 물가 상승률을 따라가지 못하면서 정해진 날짜에 자동이체 내역들은 잘도 빠져나간다. 통장이 '텅장'이 되어버리는 건 한순간이다. 내가 이렇게 살려고 어렵게 공부해서 이 회사에 들어왔나 억울한 마음도 들고, 진짜 하고 싶은 일이 무엇인지 찾아가야 하는데 시간만 버리고 있는 것은 아닌지 불안하기도 하다.

다 잘될 거라는 무한긍정의 자세로 회사를 나오는 건 옳지 않다. 어른이 되었다는 것은 싫은 일도 참을 수 있어야 함의 다른 말이기 때문이다. 목적이 있다면 하기 싫은 일도 해야 하고, 싫은 사람도 만나야 하며, 내 스스로의 미래를 책임질 수 있어야 한다. 준비도 확신도 없는 퇴사는 다시 그보다 못한 자리로 가게 될 결말을 부르므로 말리고 싶다.

직장에서 최소한 10년은 버티라고 하는데 정말 그렇다. 한 분야에서 최소 10년은 일해봐야 업業을 알 수 있다. 나는 이 말에 조금 다른 의미를 부여해본다. 최소 10년은 꾸준히 월급을 모아야 종잣돈도 마련하고, 장기적인 자산 계획을 세울 수가 있다.

우선 내가 얼마를 모아야겠다는 목표가 필요하다. 그것도 매우 구체적으로 본인의 연봉과 해마다 연봉 상승률, 금리까지 예상해 시뮬레이션을 해보자. 그리고 우직하게 지속적으로 투자한다. 만약 지출을 줄이고 저축액이 높다면 굴러가는 자산의 규모는 속도를 낼 수 있다.

1~2년 간격으로 이리저리 회사를 옮기면 퇴직금을 받지 못할 수 있고, 공백 기간 동안 모아뒀던 돈을 생활비로 써야 하며, 옛 직장과 작별하고 새로 적응하는 데 심적으로 스트레스를 받을 수도 있다. 스트레스는 병이 되기도 하고 먹는 것이나 쇼핑으로 풀 확률이 높기 때문에 돈 모으는 데 피해야 할 1순위 적이다.

남들은 직진대로를 60km의 속도로 달릴 때 나는 회전 많은 구간을 브레이크를 밟으며 운전한다고 생각해보자. 물론 빨리 달려가는 게 능사는 아니지만 빨리 가야 최소한 결승점에서 물 한 모금 마실 여유를 찾을 수 있지 않을까?

무작정 퇴사하겠다는 후배님들께 해주고 싶은 이야기를 몇 가지 적어보겠다.

"회사를 나가면 그 월급마저도 못 벌 확률이 큽니다."

"친구 연봉이랑 비교해서 회사에 요구하지 마세요. 결국 본인만 지칩니다."

"계속 가슴 뛰는 일은 없습니다. 그렇다면 그건 병이죠."

"그래도 그 상사가 입사할 때 한 번 걸러진 사람입니다. 그 상사보다 더 이상한 사람도 많아요."

"어딜 가나 또라이가 있습니다. 또라이 질량 보존의 법칙을 기억하세요."

"어떤 걸 시작할까 고민하기 전에 어떻게 지금을 해결할지 고민해보세요."

'티끌 모아봤자 티끌'이라며 월급을 우습게 여기는 경우가 있다. 나도 사회 초년생일 때는 정말 그럴 수도 있겠다는 생각을 안한 것이 아니다. 그러나 '우공이산愚公移山, 시간이 걸리더라도 꾸준히 노력해 나간다면 결국엔 뜻을 이룬다는 뜻의 사자성어'의 우공처럼 해낼 수 있다는 경험을 한 지금의 나는 월급의 소중함을 100% 이상 느낀다.

월급과 건물의 상관관계

이렇게 생각해보자. 우리 월급을 예금이자나 건물 수익으로 환산해보는 것이다. 월급 250만 원은 15억 원을 은행에 예금해 2% 금리로 월 이자를 받는 것과 같다. 또는 매매가 7억 5천만 원 건물의 4% 임대 수익률로 받는 임대료와 맞먹는다. 만약 월수입이 450만 원이라면 27억 원 예금의 이자 수입이며, 13억 5천만 원 건물의 건물주와 동일하다(편의상 비용과 세금은 고려하지 않았다).

결과적으로 월급 250만 원인 사람의 몸값은 15억 원이다. 만약 15억 원의 자산가라면 이자 수익에 맞먹는 월급에 연연해하지 않고 이자로만 먹고살 수 있다. 일하지 않고 원금 15억 원이 인플레이션을 넘어설 수 있는 수익률을 낼 수 있도록 유지 관리만 하면

환산 월급

단위: 원, 세 포함

월 이자(2%) 임대료(4%)	250만	450만
	예금 15억 건물 7억 5천 만	예금 27억 건물 13억 5천 만
연 이자(2%) 임대료(4%)	3천 만	5천 400만

동영상으로 명쾌하게 이해한다
소중한 소득, 월급

된다. 그러나 아직 그런 자산이 없다면 열심히 출근하며 월급을 꾸준히 받아야 한다.

월급은 다시 말해 거위의 황금알과 같다. 한 방을 노려 거위의 배를 가르면 황금알을 얻을 수 없다는 것이 이 동화의 결말이다. 그러나 거위를 잘 키운다면 계속 황금알을 얻을 수 있고, 알을 계속 모아 지속적으로 투자를 한다면 더 많은 돈을 벌 수 있다. 일해서 번 돈은 부피를 더해가며 종잣돈이 되어 부의 가속화에 기여한다. 진짜 부자가 되고 싶다면 무엇보다 자신이 하고 있는 일에 집중해 몸값을 올리는 것이 기본이다.

열심히 번 돈이
사라진 이유

부자로 보이는 것은 쉬우나 부자가 되는 것은 어렵다. 부자로 보이기 위해 남의 시선을 의식한 소비가 계속되면 저축은 포기하게 된다.

사람들이 모여서 이야기하다보면 어느덧 자연스럽게 돈에 대한 이야기로 흘러간다. 그리고 결국 다들 비슷한 고민을 하며 살고 있음을 알게 된다.

분명 열심히 일하고 벌었는데 그 돈들은 도대체 어디로 간 것일까? 자조적으로 섞여 나오는 그들의 이야기를 크게 3가지로 정리할 수 있다. 우리가 열심히 벌었던 그 돈들이 사라진 이유는 '스트레스를 소비로 푼 것'과 '저축을 하지 못한 것', 그리고 '잘못된 투자를 한 것'이기 때문이다.

스트레스를 소비로 푼 것

사람들은 바쁜 직장생활과 일상에서 받는 스트레스를 풀기 위해 다양한 방법들을 찾는다. 운동이나 독서, 여행 등의 건전하고 생산적인 방법도 있지만 술을 마시거나 쇼핑을 하기도 한다. 술이나 쇼핑은 뇌에서 도파민^{dopamine}이라는 신경전달물질의 분비를 증가하게 만들어 짧은 시간 동안 기분을 좋게 한다.

이러한 좋은 기분을 유지하기 위해 지속적이고 습관적으로 술을 마시고, 쇼핑을 하게 된다. 여기서 문제가 발생한다. 한 달간 힘들게 출퇴근하며 몸이 부서져라 번 월급이 카드값이라는 명목으로 통장을 스친다.

사례 1

지인인 C는 소문난 멋쟁이다. 청담동의 유명 편집숍에서 쇼핑한 아이템들로 머리끝에서 발끝까지 치장했다. 100만 원이 넘는 재킷과 구두, 명품 양말과 손잡이에 금속 장식이 달린 30만 원짜리 우산까지 온몸에 걸친 상품들만 대충 계산해도 직장인들의 한 달 월급을 훌쩍 넘길 정도다. 얼마 전에는 수입차도 구입했다는데, 그 이유가 자주 다니는 동네에 다들 수입차를 몰고 온다는 것이다. 자신도 그들과 동등한 소비 수준을 유지할 수 있는 사람이라고 판단했기 때문에 잘 아는 수입차 딜러에게 좋은 가격에 구입했다고 자랑을 했다. C는 이러한 소비 수준을 유지할 때 스스로의 존재감을 느낄 수 있다고, 그러기 위해 열심히 일을 하는 것이라고 말을 이었다.

사례 2

H는 주말마다 인터넷에서 찾은 유명한 맛집을 순례하듯이 돌아다닌다. 어디 식당의 A코스는 파스타 양이 적으니 많이 달라고 주문해야 하고, 어디 백화점에 있는 식당은 식전빵이 맛있는데 스테이크에 홀그레인 머스타드 소스를 따로 달라고 말해야 한다. 또한 다이어트를 위해 가로수길에 있는 1:1 필라테스를 배우러 가는데, 꼭 미국 유명 브랜드 옷을 입어줘야 트레이너에게 주눅이 들지 않는다고 친절한 팁을 주변에 전수한다. SNS에 맛집 인증샷을 올리고 행복에 넘치는 태그를 함께 달아주면 지인들이 댓글로 부러움을 표시한다.

C와 H는 고소득 전문직 종사자가 절대 아니다. 우리 주변에서 볼 수 있는 평범한 미혼 직장인이다. 그러나 위와 같은 소비 행태를 보면 주객이 전도된 상황같이 느껴지지 않는가? 마치 소비를 하기 위해 직장에서 돈을 버는 것 같다.

보통 이런 사람들이 자신에게 투자를 많이 하기 때문에 자존감이 높은 사람일 것이라고 흔히 착각한다. 그러나 이는 스트레스로 인해 떨어진 자존감을 회복하기 위한 수단으로 과도한 소비를 하는 것일 뿐이다. 쇼핑을 하는 그 순간은 절대적으로 우위에 놓이며, 사람들은 물건을 팔기 위해 좋은 서비스를 제공하기 위해 나에게 굽신거린다. 소비를 할 때 나는 왕과 같은 느낌을 받을 수 있는 위치에 서 있게 된다. 이런 부정적 감정에 중독되고 있는 줄도 모르고 그들은 '나에게 주는 작은 선물' 또는 '인생은 한 번뿐이라는 욜로YOLO'라는 허울 좋은 마케팅 수단에 걸린 채 스스로를 정당화한다.

미국 임상심리학자 올리비아 멜란Olivia Mellan은 이렇게 말했다. "사람들은 자존감이 낮을 때 돈을 더 써요. 자존감이 낮아지면 소비로 그것을 채우려고 하기 때문이죠. 기분이 안 좋기 때문에 스스로를 부풀리는 것, 내적 감정이 안 좋으니 겉보기라도 좋게 하려는 거죠."

더욱 큰 문제는 젊었을 때의 이러한 소비가 습관이 되면 몸과 정신에 각인되어 평생을 간다는 것이다. 돈을 버는 초창기에 자신도 모르게 몸에 배인 소비 수준을 쉽게 끌어 내리기는 힘들고, 훗날 제대로 돈을 아껴보려고 해도 방법을 모를 수 있다. '나중에 모으면 돼.' '난 아직 저금을 하기 위해 최선을 다하지 않은 상태야.' '나에게 투자한 것이니까 다시 내게 더 큰 수입으로 돌아올 거야.' 마치 어떠한 전략이나 철학을 가지고 소비하는 사람처럼 스스로를 포장하려 한다.

한 번 길들어진 습관은 쉽게 고치기가 매우 힘들다. 허리를 늘리기는 쉬워도 줄이기는 어려운 다이어트를 떠올려보면 쉽게 이해될 것이다.

저축을 하지 못한 것

나이가 들어갈수록 삶의 무게가 무거워진다. 부모님은 늙어가고, 아이들은 하루가 다르게 자란다. 매달 생활비와 목돈으로 들어가는 병원비까지 감안하면 이리저리 아무리 계산기를 두드려봐도 결국 마이너스다.

뿐만 아니라 아이들도 남부럽지 않게 키우려면 매달 들어가는 사교육비가 인당 100만 원에서 200만 원까지 훌쩍 넘어간다. 심지어 예체능을 하겠다는 아이가 있으면 다른 형제들의 희생을 감수해야 할지 갈등하는 경우도 많다.

'사교육비의 원흉은 옆집 엄마'라는 말이 틀리지 않을 정도로 어느 정도 동네 수준에 맞춰서 아이들을 교육시키려면 따라가기가 벅차다. 그런 식으로 한번 씀씀이가 커진 가계는 다시 줄이기가 어렵다.

사례 1

대기업 만년 부장을 남편으로 둔 P는 오늘도 월급을 보자마자 한숨이다. 주말에 골프 모임도 가야 하고, 이번에 바꾼 수입차 할부금에 아이들 사교육비도 만만치 않다. 어머님 생신이라 좋은 식당에 가서 식사도 해야 하고, 여름에는 유럽으로 가족여행 계획도 있다. 쓰는 건 남들 못지않게 다 쓰는데, 왜 남들 다 오르는 아파트 값이 우리 집은 그대로일까? 퇴직금은 이미 아파트 구입할 때 중간 정산해서 써버렸는데, 남편이 구조조정이라도 당하면 우리 가족은 어떻게 되는 거지? 가계부를 써도 줄어드는 건 없고, 결국 이번 달도 겨우 버티며 살아간다.

사례 2

올해 돌이 지난 아이를 키우는 K는 TV를 볼 때마다 자괴감에 빠진다. 연예인 아빠들이 아이들을 키우는 내용인데 좋은 집, 많은 장난감, 다양한 체험활동을 하는 아이들이 부럽기 때문이다. 나는 못 누리더라도 내 아이는 특별하게 키우고 싶은데, 그러기 위해서는 다른 비용을 줄여서라도 아이에게만은 뭔가 해줘야만 할 것 같다. 그러나 월급은 뻔하고, 이번 달도 마이너스 통장을 메꾸지 못한 채 지나간다.

잘못된 투자를 한 것

앞서 나온 사례들은 지나친 소비와 저축에 대한 인지 부족이었다. 그러나 이보다 더욱 안타까운 것은 잘못된 투자로 인한 손실을 껴안고 사는 사람들이다.

'나보다 더 전문가니까'라며 스스로 생각하는 것과 투자하기를 포기하고 남에게 의존하는 경우, 또는 '설마, 이런 게 사기일 리가 없지'라며 의심하지 않고 투자를 하는 경우가 있다. 그들은 남보다 빨리 돈을 굴리겠다고 위험한 선택을 했다가 빚의 굴레에서 벗어나지 못하고 눈물의 나날들을 보내고 있다.

사례 1

결혼 4년차인 H는 지인에게 부동산 투자 명목으로 1억이라는 목돈을 건넸다. 원래 전세금으로 올려줄 돈이었지만 예금에만 묵혀두기 아깝고, 워낙 재테크의 달인이었던 지인이라 아무런 의심 없이 투자를 결정한 것이다. 처음에는 매달 300만 원씩 수익금 명목으로 돈이 들어와서 뭔지 모르지만 잘되고 있는 줄 알았다고 한다. 그러다가 6개월이 지나자 돈은 더이상 입금되지 않았고, 지인도 연락이 두절되었다. 그녀는 전형적인 투자 사기 시나리오에 걸려든 것을 그때서야 깨달았다.

사례 2

H는 신문에 난 토지 분양 광고를 보고 과감하게 전화를 걸었다. 유명한 경제신문에 실린 전면광고라 신빙성이 있어 보여 믿을 만한 투자라 생각했다. 그런데 투자 설명회에 참석하기 위해서는 계약금 100만 원을 먼저 투자사에 입금해야 했고, 어디서 설명회를 하는지 지번도 미리 알려주지 않았다. 결국 사전 지식이 전혀 없는 상태로 투자 설명회에 갔다. 개발 가능성이 1%도 없는 개발제한구역에 해당되는 임야를 지분 매각한다는 것이 상식적으로 이해하기 어려웠지만, 투자사의 명쾌한 설명을 들음과 동시에 놓쳐

서는 안 될 나에게 온 마지막 기회처럼 느껴졌다. 그렇게 무언가에 홀린 듯 계약서에 사인을 했고, 지금까지 의도하지 않게 장기투자를 하고 있다.

사례 3

워킹맘인 A는 같은 회사동료가 갑자기 전세를 빼 본가로 들어간다는 이야기를 들었다. 표면적으로는 아이 양육 때문에 어르신들의 도움을 받는 걸로 되어있지만 주식투자로 큰 손해를 봤다고 한다. 문자로 받는 주식 정보 서비스를 신청한 것이 화근이었다. 거래량이 적은 종목을 대량으로 사들여 주가를 띄우고 개인 투자자들에게 호재가 있는 것처럼 소문을 흘려 매수가 몰리면 털고 나가는 주식 투자 방법에 걸려든 것이다. 평범한 주부가 한순간에 몇 억을 날렸다는 게 쉽게 믿기는가?

왜 몇몇 사람들은 무리한 투자로 곤경을 자초한 걸까? 그저 평범하고 성실하게 일상을 살아가는 사람들인데 말이다. 이렇게 투자로 돈을 잃는 사람들은 다음과 같은 3가지 공통점이 있다.

첫째, 남과 비교를 많이 하는 성격이다. "누가 어디서 어떻게 돈을 벌었다더라." "내 집은 안 올랐는데 누구 집은 몇 억씩 올랐다더라." "누구는 시댁에서 집을 사줬다더라." 이런 남들의 이야기를 듣고 스스로의 비교를 해 상대적으로 빈곤을 느꼈을 것이다. 그래서 그 보상심리로 누구보다 더 빨리 투자 수익을 보기 위해

무리한 시도를 한 경우가 많다

둘째, 승부사 기질이 있다. '모 아니면 도'라는 심정으로 올인하는, 인생 한방을 좋아하는 부류였다. 그들은 타고난 머리와 빠른 판단력과 추진력으로 사회생활하며 잘나가는 인재에 속한다. 때문에 이들은 매사에 자신감이 충만하다. 그러므로 재테크 역시 같은 결과를 기대했을 것이다.

셋째, 가장 중요한 이유라고 할 수 있는데, 경제 공부를 전혀 하지 않아 거시적인 흐름이나 투자에 대한 지식이 전무全無한 상태였다. 이들은 회사에서 인정받는 사람으로 회사업무에 특화된 유형이다. 다시 말해 경제가 돌아가는 원리인 금리와 환율, 소비 지수나 국내외 경제 상황 등의 전반적인 경향들을 모르고 '그냥' 저질렀다는 것이다.

부자로 살 것인가, 부자로 보일 것인가?

SNS를 보면 부자가 정말 많다. 예쁜 옷을 입고 멋진 카페에서 여유를 즐기고, 좋은 집에 값비싼 물건들을 사용하는 모습을 보면 부럽기만 하다. 그러나 SNS의 민낯을 꿰뚫어보면 금세 진실을 확인할 수 있다. 그곳은 자신의 라이프를 공유하는 공간이라기보다 대부분 물건을 판매하기 위한 카탈로그의 기능을 한다. 즉 그들은 부자가 아니라 물건을 파는 사람들이다. 부자로 보여 사람들에게 환상을 심어주고 구매를 유도해 돈을 번다.

이런 사람들은 SNS가 아니더라도 주변에서 쉽게 찾을 수 있다. 40평대 아파트에 살며 럭셔리 수입차를 끌고 다니는 집이 있다. 청소와 육아 등 집안일을 도와주는 사람도 있고, 부부는 모두 자영업으로 새벽까지 돈 벌기에 바쁘다. 엄마는 항상 화려한 옷차림에 주변 사람들에게 쉽게 돈을 쓰고, 아빠는 주말마다 골프 연습에 매진한다. 아이는 자기 집이 부자인 줄 알고 친구들을 무시한다. "너희도 돈 많이 벌어서 우리집 같은 아파트로 이사와." 분명 아이는 부모의 영향을 받았을 것이다. 그 엄마는 한 번도 자신의 집이 전월세라는 사실을 밝힌 적이 없기 때문이다.

부자로 보이는 것은 쉬우나 부자가 되는 것은 어렵다. 보통 부자가 되겠다는 목표와 절박한 의지가 없다면 부자로 보이는 편을 택한다. 부자로 보이기 위해 남의 시선을 의식한 소비가 계속되며, 시선과 기분을 유지하기 위해 저축은 포기한다.

- 내구성이나 디자인이 아닌 브랜드 때문에 제품을 구입하는가?
- 인증샷을 위해 비싼 레스토랑에 가는가?
- 연봉의 2배 이상인 차를 끌고 다니는가?
- 무료는 좋지 않다는 편견으로 무엇이든 비용을 들이는가?

내가 아는 100억 원 이상 부자는 부자처럼 보이지 않는다. 100억 원 이상의 부자는 증권사 VIP룸을 찾는 사람도 아니다. 증권사 직원이 집으로 찾아와서 설명을 해준다.

그들의 모습은 아주 평범하다. 오래된 점퍼를 입고 집 앞의 작은 커피숍에서 신문을 본다. 주변 공원을 산책하고, 단골 식당에 들러 간단하고 소박한 점심을 즐긴다. 요란법석하게 자신이 부자라고 보여주려는 행동은 일체 없다. 일부러 누군가에게 부자로 보일 필요가 없기 때문이다.

다시 생각해보자. 나는 진짜 부자가 되고 싶은가, 아니면 부자처럼 보이고만 싶은가?

다시 보자, 간접세의 위력

부자와 내가 내는 세금이 같다니 '속았다' 싶을 것이다. 그러니 간접세를 내는 것이 아까우면 소비를 줄여야 한다.

간접세는 우리가 물건을 살 때 가격에 포함되어 있는 세금이다. 간접세를 스텔스 세금^{stealth tax}이라고도 하는데, 레이더에 포착되지 않는 전투기인 스텔스기에서 나온 별명이다. 즉 납세자들이 세금을 내고 있다는 사실조차 인식하지 못하도록 만든 세금을 뜻한다.

'스텔스 세금'이라는 용어는 1998년 영국 정치권에서부터 사용되기 시작했는데, 당시 보수당은 재무장관인 고든 브라운^{Gordon Brown}이 몰래 뜯어가는 세금^{taxed by stealth}를 증가시켜 세수를 증원한다고 비판했다. 스텔스 세금은 주로 부가가치세, 판매세 등 간접세에 부과한다.

간접세는 소득세나 법인세처럼 경기에 따라 변동 폭이 크지 않아 안정적인 세수를 확보할 수 있다. 또한 직접세에 비해 조세 저항이 상대적으로 적으며, 징수비용이 저렴하고, 세금을 회피하는 일도 적어 정부의 입장에서 많은 장점이 있다.

간접세의 종류

그렇다면 우리가 소비하면서 부지불식간不知不識間에 내고 있는 간접세의 종류에 대해 알아보자. 부가가치세, 개별소비세, 주세, 유류세, 담배세 등이 여기에 속한다.

우리가 구입하는 모든 상품에 붙어 있는 부가가치세(부가세)는 가장 대표적인 간접세다. 우리나라는 보통 10%의 세금을 물건 값에 포함해 소비자가격으로 표기하는 경우가 대부분이다. 그러나 레스토랑에서 메뉴판에 Vat^value added tax 별도라 적힌 곳은 계산할 때 추가로 부가가치세를 내야 한다. 개별소비세는 자동차나 대형가전, 사치품 등 특정한 물품에 추가적으로 세금을 더 매기는 것이고, 주세는 술에, 유류세는 기름에, 담배세는 담배에 붙는 세금이다. 뒤로 갈수록 세금의 비율이 높아진다.

"이렇게 세금을 거둬 나랏일에 쓰면 좋은 일 아닌가요? 도로도 만들고, 교량도 건설하고, 어려운 사람들에 대한 복지 지원도 늘릴 수 있지 않나요?"

이런 말도 틀린 말은 아니지만 조세 공평주의에 무리가 있는 결정이다. 간접세는 부자든 가난한 사람이든 같은 액수의 세금을 내게 하는 방식이라 공평하지 않다. 법인세나 소득세, 재산세처럼 부자에게는 누진율을 적용해서 세금을 많이 걷고 가난한 사람들에게는 일부 공제해주거나 낮은 비율로 세금을 걷는 것이 사회복지 면에서 봤을 때 공평하기 때문이다. 특히 유류세는 생업과 밀접하게 연관되기 때문에 높은 간접세율은 세금을 내는 사람에 따라 모순을 안고 있다.

보통 레스토랑에 가고, 차에 주유를 하며, 담배와 술을 마시는 것은 일상적이고 개인의 선택이기 때문에 우리는 세금이라는 것에 대해 크게 의식하지 않는다. 그런데 왜 우리는 간접세를 의식하면서 소비해야 하는 걸까? 간접세의 무시못할 위력을 직접 눈으로 확인해보기 위해 우리가 한 달에 쓰는 직접세와 간접세를 구체적으로 계산해보자.

간접세 시뮬레이션을 해보자

월 250만 원의 급여를 받는 직장인은 과연 한 달에 얼마의 세금을 낼까? 한 달을 평일(21일)과 주말(9일)로 구분해 시뮬레이션을 해보았다.

한 달 쓰는 소비가 약 200만 원 일 때 간접세는 26만 원으로

간접세 시뮬레이션

<table>
<tr><td colspan="4">평일(21일)   (단위: 원)</td></tr>
<tr><th>항목</th><th>가격</th><th>간접세</th><th>비고</th></tr>
<tr><td>버스비</td><td>1,100</td><td>–</td><td>면세</td></tr>
<tr><td>편의점 커피와 빵</td><td>4,500</td><td>409</td><td>부가가치세</td></tr>
<tr><td>베트남쌀국수</td><td>10,000</td><td>909</td><td>부가가치세</td></tr>
<tr><td>테이크아웃커피</td><td>5,500</td><td>500</td><td>부가가치세</td></tr>
<tr><td>요가(월 12만 원)</td><td>4,000</td><td>364</td><td>부가가치세</td></tr>
<tr><td>순두부찌개</td><td>8,000</td><td>727</td><td>부가가치세</td></tr>
<tr><td>맥주</td><td>2,200</td><td>1,130</td><td>교육세, 주세, 부가가치세</td></tr>
<tr><td>담배(1/2갑)</td><td>2,250</td><td>1,610</td><td>담배소비세, 지방교육세, 건강증진부담금, 부가가치세</td></tr>
<tr><td>버스비</td><td>1,100</td><td>–</td><td>면세</td></tr>
<tr><td>합계</td><td>38,650</td><td>5,649</td><td>–</td></tr>
</table>

<table>
<tr><td colspan="4">주말(9일)   (단위: 원)</td></tr>
<tr><th>항목</th><th>가격</th><th>간접세</th><th>비고</th></tr>
<tr><td>주유(5L)</td><td>8,000</td><td>4,450</td><td>관세, 주행세, 교통세, 수입부과금, 부가가치세</td></tr>
<tr><td>브런치카페</td><td>16,000</td><td>1,454</td><td>부가가치세</td></tr>
<tr><td>의류구입</td><td>60,000</td><td>5,454</td><td>부가가치세</td></tr>
<tr><td>악세사리구입</td><td>10,000</td><td>909</td><td>부가가치세</td></tr>
<tr><td>삼계탕</td><td>14,000</td><td>1,273</td><td>부가가치세</td></tr>
<tr><td>도서구입</td><td>15,000</td><td>–</td><td>면세</td></tr>
<tr><td>요가(월 12만 원)</td><td>4,000</td><td>364</td><td>부가가치세</td></tr>
<tr><td>담배(1/2갑)</td><td>2,250</td><td>1,610</td><td>담배소비세, 지방교육세, 건강증진부담금, 부가가치세</td></tr>
<tr><td>김밥·우동</td><td>6,500</td><td>591</td><td>부가가치세</td></tr>
<tr><td>합계</td><td>135,750</td><td>16,104</td><td>–</td></tr>
</table>

월 소비 계: 38,650 × 21일 + 135,750 × 9일 = 2,033,400

월 간접세 계: 5,649 × 21일 + 16,104 × 9일 = 263,562

동영상으로 명쾌하게 이해한다

간접세 시뮬레이션

13%에 달함을 위의 도표로 확인할 수 있다. 참고로 소득에 따른 직접세(근로소득세)는 불과 4만 5천 원이다. 월급명세서의 세금을 보고 화낼 것이 아니라 직접세보다 6배나 더 내고 있는 본인의 간접세를 보고 반성해야 한다.

만약 스타벅스 4,600원짜리 카페라테를 마신다면 내야 하는 간접세는 418원이다. 이 커피를 마시는 나도 418원, 스타벅스 코리아 회장도 418원의 똑같은 세금을 낸다. 스타벅스 코리아 회장의 연봉은 언론에 공개된 기준으로 17억 원이고, 나는 3천만 원이다.

구매자의 소득과 상관없이 물건을 구입할 때 내야 하는 간접세는 동일하다. 아마 대부분의 사람이 인지하지 못했으리라. 그러니 지금부터라도 세금을 내는 것이 아깝다면 소비를 줄이라고 말하고 싶다.

절제하지 말고
정제해야 한다

결국 내가 집중해야 하는 경험 또는 소유해야 하는 물건은 무엇인가? 그리고
장기적으로 더 행복해지기 위해 지금 덜 중요한 것은 무엇인가?

부자가 되고 싶으면 아끼고 소비를 절제해야 한다. 여기서
말하는 절제節制는 정도에 넘지 않도록 알맞게 조절해 제한
하는 것을 의미한다. 즉 정도라는 기준점은 제로(0)보다 위에 있는
상태를 의미하며 '양(+)'의 영역에 속한다.

다른 의미인 정제精製라는 개념을 알아보자. 정제는 물질에 섞
인 불순물을 없애 물질을 더 순수하게 하는 만드는 것이다. 소금
을 떠올려보면 쉽게 이해할 수 있다. 바닷물이 소금이 되려면 염
전에서 말려지고 여러 번의 정제 과정을 거쳐야 순수한 소금이 되
어 식탁 위에 오른다. 정제는 덜어내고 걷어내는 상태이기 때문에
'음(-)'의 영역이며 그 기준점은 제로(0)다.

덜어내고 걷어내는 상태

우리가 별 의심 없이 지갑을 열고 있는 것들의 본질과 둘러싸고 있는 것들에 대해 물음을 던져보자. 둘러싸고 있는 것들 때문에 지출이 발생하는 경우가 생각보다 많다. 즉 지출하지 않아도 되는 것들을 걷어내면 지출하지 않아도 된다. 이는 꼭 필요한데, 자제하고 참고 견디는 것과는 엄연히 다른 의미다. 그렇다면 의식하지 못하고 소비했으나 정제하면 걸러질 수 있는 상황들을 살펴보자.

타인의 눈을 의식한 지출

30대 주부인 K는 이번 여름엔 그냥 집에서 방콕(방에 콕 틀어박혀 나오지 않는다는 뜻의 신조어)하며 쉬고 싶다. 그러나 한편으로는 아이 친구들은 다들 여름 방학 계획이 있는데 우리 아이만 안 가려니 신경이 쓰인다. 심지어 공휴일과 주말을 붙여 최장 9일씩 유럽을 다녀오기도 하고, 다른 엄마들은 휴양지의 비싼 호텔에 묵는다고 자랑이다. 집에서 공항 가는 길도 멀고, 다녀오면 며칠은 피곤할 텐데 꼭 해외로 가야 하는지 고민이 깊어진다.

배보다 배꼽이 더 큰 지출

경기도에 사는 주부 E는 올해도 놀이동산 연간회원권을 끊었다. 갈 때마다 자유이용권을 사는 것보다 회원권이 훨씬 싸기 때문에 본전은 뽑을 거라는 확신이 들었기 때문이다. 하지만 봄에는 미세

먼지로, 여름에는 더워서, 가을은 짧아서, 겨울은 너무 추워서 정작 다섯 번도 가지 못했다. 무엇보다 더 큰 문제는 놀이동산에 가서 추가로 지출하는 비용이 많았다. 이왕 갔으니 밥도 사먹어야 하고, 기념품도 사게 되고, 유료 게임 시설도 이용했다. 그러한 공간에 노출되지 않았으면 발생하지 않을 비용들이 그대로 생겨버린 것이다.

보상 심리에 의한 지출

워킹맘 A는 오늘도 회사에서 상사로부터 깨지고 연일 계속되는 야근으로 머리도 푸석푸석하고, 얼굴도 붓는 것 같다. 쇼핑몰에 가서 예쁜 옷도 사고 싶은데 도통 시간은 나지 않고, 피곤해서 주말에는 꼼짝도 하기 싫다. 소파에 누워서 리모콘을 든다. '극장에도 못 가는데 TV로 신작영화 만 원 쯤이야' 하며 결제하는 건 우습다. 배달앱으로 저녁을 시켜 먹고, 쇼핑앱에 들어가 옷 몇 벌과 화장품, 헤어팩도 장바구니에 담는다. '힘들게 돈 버는데 이 정도는 나에 대한 투자'라고 생각하며 소파에 누워 결제한 금액만 20만 원이 훌쩍 넘어버린다.

타성에 젖어 하는 지출

워킹맘 S는 퇴근시 항상 집 앞 편의점에 들른다. 저녁을 먹고 들어오는 날이나 회식 후 밤늦게 택시에서 내릴 때도 어김없이 편의점에서 들러 먹을거리를 산다. 이는 내면의 공허와 마주치지 않으려고 무의식중에 하는 행동일 뿐이다. 배가 고프지도 않은데, 피곤해서 어서 눕고 싶음에도 불구하고 매일 타성적으로 소액을 결재한다.

이러한 4가지 케이스들은 필요에 의한 지출이 아니다. 여러 상황에 휩쓸려 쓰는 무의미한 소비 패턴이다. '정제'라는 과정을 거치면 아무 의미 없는 지출들로 걸러진다. 정수기도 필터 기능이 중요하듯 이러한 정제 과정도 몇 가지 마음속 필터를 만들어두고, 소비를 해야 하는 상황이 다가오면 걸러보도록 하자.

유한한 돈을 잘 쓰기 위해

영화 〈곡성〉에서 가장 기억에 남는 대사는 "뭣이 중헌디?"와 "절대 현혹되지 마라"였다. 우리가 살아가는 것도 어찌 보면 다르지 않다. 무엇이 중요한지 모르기 때문에 우리는 많은 것들에 현혹되고 만다.

현혹되어서는 무한정 돈을 쓸 수밖에 없다. 그러나 돈은 유한하다. 무한한 것처럼 쓸 수는 없다. 사람들은 진짜 필요한 것을 갖기 위해 불필요한 것들을 버리거나 구매하지 않아야 한다.

벌이가 부자를 따라갈 수 없다면서 무작정 허리띠를 졸라매는 것은 추천하지 않는다. 누가 더 짠돌이인지 경쟁하는 사람들은 극한의 상황으로 생활하는데, 보기에 좋지 않다. 단무지 하나만 반찬으로 놓고 먹으며, 추운데도 보일러를 틀지 않고, 더운데 몇 정거장이나 걸어가 병이 나는 행동을 하기도 하는데 모두 어리석은 행동이다. 스트레스 가득한 절약은 소비를 미루는 것일 뿐 도움이 되지 않는다.

무작정 아껴 쓰기보다는 '선택과 집중'을 통해 우선순위를 정하고 거기에 맞춰 돈을 쓰자. 즉 가장 중요한 것에 집중하기 위해 덜 중요한 것을 포기하는 결단과 적은 돈으로 몇십 년 동안 돈을 모아갈 수 있는 나름대로의 노하우다.

값비싼 예단이나 가구, 전자제품을 포기하고 그 돈에 대출을 받아 집을 사버리는 신혼부부도 있고, 어린이날과 생일 선물 대신 1년에 한 번씩 멋진 여행을 계획하는 가족도 있다. 더 크게 10년의 계획을 세우고 장기 여행을 준비하는 사람들은 작은 여행들을 포기도 한다.

스스로에게 질문해보자. '결국 내가 집중해야 하는 경험 또는 소유해야 하는 물건은 무엇인가? 그리고 장기적으로 더 행복해지기 위해 지금 덜 중요한 것은 무엇인가?'

2개의 도장

　내게는 2개의 도장이 있다. 하나는 아버지께서 직접 만들어 주신 도장이고, 다른 하나는 인사동의 도장 장인에게 맞춘 인감 도장이다.

　첫 번째 도장은 막도장이라 불리는 작은 도장이다. 초등학교 2학년 때쯤이었다. 회사에서는 기계를 만지고 전자제품을 수리하는 데 능숙한 아버지가 어느 날부터인가 퇴근 후 방 한쪽에서 무언가를 만들고 계셨다. 이게 뭐냐고 여쭸더니 말씀하셨다.

　"목도장을 만드는 틀과 칼을 빌렸지. 우리 딸 이름 새겨진 도장 만들어주려고."

"우와~ 나도 내 이름 있는 도장 가질 수 있는 거야?"

물자가 귀했던 시절 부모님들은 그렇게 뭐든지 만들어 썼다. 아버지는 안 쓰는 목도장 바닥을 끌로 긁어내고, 거기에 또박또박 내 이름 석 자를 펜으로 썼다. 그리고 이름과 테두리만 양각으로 남기고 며칠을 꼬박 파냈다. 나는 그 통장으로 새마을금고에 첫 통장을 개설했고, 지금도 모든 적금과 예금은 이 도장을 쓰고 있다. 아버지의 사랑과 함께 좋은 기운을 가진 도장이라 생각해서다.

시간이 많이 흐른 뒤 나이가 드신 아버지께 "왜 그때 도장을 직접 만들어 주셨냐" 했더니 이렇게 말씀하셨다.

"돈 아끼려고 그랬지."

아마 지금 여유가 있기에 그 시절 가난을 행복하게 떠올릴 수 있는 추억 같았을 것이다. 아버지는 일찍 부모님를 여의고 학교도 제대로 졸업하지 못한 채 평생 기계공으로 살았지만 3명의 딸을 대학까지 다 졸업시켰다. 내 유년 시절의 아버지, 그리고 어머니의 모습은 늘 부지런하셨고 소박하셨던 걸로 기억한다. 지금은 월세와 연금, 은행 이자만으로도 무탈한 노년을 보내고 계신다.

두 번째 도장은 내가 28살에 첫 아파트를 계약하면서 만들었던 인감도장이다. 당시 회사 근처 인사동 거리에 오다가다 눈여겨봤던 도장 가게가 있었다. 거기 머리가 희끗한 도장 장인이 있었는데 그분께 특별히 의뢰했었다.

"제가 집을 계약하는데 앞으로도 돈 많이 벌 수 있는 재수 좋은 인감도장 부탁드려요."

"번개 맞은 대추나무로 만들어야지. 불火기운이 있는 물건이라 재산 불어나도록 도와줄테니 이걸로 고르시오. 인감도장은 중요한데 기계로 막 파면 안 돼."

완성된 도장은 한자로 멋지게 내 이름이 새겨져있고, 고급스러운 악어가죽 케이스에 들어있었다. 당시 내 월급의 십분의 일이 훌쩍 넘는 돈이 들었지만, 이 도장으로 아파트도 사고 중요한 계약들도 몇 건이나 해 지금까지 꽤 많은 돈을 벌어들이고 있다.

2개의 도장은 원가Cost도 다르고 가격Price도 다르지만 나에게는 중요한 가치Value가 있다. 무조건 비싼 것이 좋은 것도 아니고, 싼 것이 싸구려도 아니다. 본인에게 가치 있는 물건이라면 가격에 상관없이 가질 수 있다고 본다. 그 대신 가치가 전혀 없다고 판단되는 물건은 아무리 비싸더라도 내 관심 밖이다. 자신만의 가치를 정립하자. 그렇다면 'V>P>C'는 당연하고, 가끔은 'V>>>>>>>>>>>P>C=0'일 경우도 있다.

대부분의 사람은 정규분포곡선의 평균점 근처에 머문다. 특별히 극빈자이거나 부자가 아닌 이상은 평균점 근처에서 누구나 비슷하게 살아간다. 좀더 부자 쪽으로 내가 있는 지점을 옮기기 위해서는 공부와 실행이 필요하다. 부자의 생각과 행동을 배우고 따라하자. 먼저 내 인생의 소득과 지출을 계획하라. 먼 훗날 놓쳐버린 오늘을 후회하고 싶지 않다면!

3장

어떻게 소득을
자산으로 바꾸는가?

10년 후 자산에 대한
계획을 세우자

일을 하는 기간은 줄어들고, 수명은 늘어났다. 게다가 저성장과 인플레이션 때문에 저축만으로는 자산을 불리는 것이 불가능에 가깝다.

 나이가 들수록 시간에 가속도가 붙는다. 새해 떡국을 먹고 가계부를 쓰기 시작하며 헬스를 등록한 게 엊그제 같은데, 벌써 가을걷이도 끝나고 송년회로 바쁜 날들이다. 한 해가 지나가는 것은 정말 순간이다.

그뿐인가. 하루는 또 얼마나 빠른지 아이를 학교에 보내고 출근했다가 집으로 돌아오면 밤 10시다. 아이를 씻기고 저녁 먹여 재우고 잠시 소파에 누웠다가 TV리모컨을 손에 든 채 잠들어버린다. 주말 역시 집 청소를 좀 하고 다음 주 먹을거리를 사러 마트에 다녀오면 하루가 꼬박 소진된다. 요즘말로 순삭('순식간에 삭제됨'을 뜻하는 말로, 어떤 것이 매우 빠르게 사라진다는 것을 의미함)이다.

삶의 무게가 무거워질수록, 생각해야 할 일들이 많을수록, 챙겨야 할 가족이 늘어날수록 나 혼자만의 시간이 줄어든다. 스스로를 생각하고 돌보고 차분히 미래를 생각해볼 수 있는 시간이 사치인 것처럼 느껴진다.

17세기 프랑스 수학자이자 철학자인 블레즈 파스칼Blaise Pascal은 이렇게 말했다. "인간의 모든 불행은 자기 방에 혼자 조용히 머무는 방법을 모르는 것에서 비롯된다."

그래서 시간이 더 빠른 것처럼 느껴지고, 늘상 바쁘다는 소리를 입에 달고 다니나보다. 특히 기대 수명이 늘어나 앞으로 살아가야 할 날들이 더 많아진 지금은 오늘을 살면서 미래에 대한 대비까지 해야 하기 때문에 하루가 더 바쁘게 돌아간다.

이대로 오늘의 행복을 내일로 미룬 채 하루를 버티는 것이 과연 맞을까? 어차피 살아야 할 인생이라면 내가 좀더 스스로를 잘 알고 마음의 준비도 하고, 불필요한 것들은 버리면서 살면 좋지 않을까?

요즘 세대의 저축과 투자

1960년대에 태어난 사람을 보면 평균 20세부터 돈을 벌기 시작해 50세까지 일을 하고, 퇴직금은 은행 예금으로 연 10%의 이자 받으며 20년 정도 더 살다가 병으로 사망하는 경우가 대부분이었다.

1970년대에 태어난 사람은 대학을 졸업하는 25세 전후로 취업을 해서 55세까지 일을 하고, 퇴직금으로 자영업 등을 하다가 65세가 되면 연금을 받기 시작한다. 아마 90살까지 살 것 같다. 1980년대에 태어난 사람은 어학연수·휴학·자격시험 준비 등으로 취업 연령이 30세로 늘어났다. 취업한 후 약 20년간 일을 하고 100세까지 장수하게 될 것이다.

다시 말해 일을 하는 기간은 줄어들고, 수명은 늘어났다. 게다가 저성장과 인플레이션 때문에 저축만으로는 자산을 불리는 게 불가능에 가깝다. 때문에 1960년대 이전에 태어나 고도 성장기에 일을 하고 10%가 넘는 은행 이자로 재산을 불린 부모님의 이야기만 듣고 있다면 그건 효도가 아니다.

"엄마가 주식은 하지 말랬어요. 삼촌도 주식해서 다 날렸대요." 어떻게 돈을 모을 수 있냐고 질문하는 사람들에게 저축 말고 투자를 권하면 가장 흔히 듣는 말이다.

물론 가장 중요한 것은 자기 자리에서 열심히 일해서 자신의 소득을 높이고 돈을 꾸준히 버는 것이다. 그러나 예금 외의 다른 투자를 거부하는 이전 세대의 경험을 존중하더라도 어떤 면에서는 지금 세대에게 독이 될 수도 있다. 최악의 경우, 그들의 연금을 축내는 무서운 일이 벌어질 수도 있다. 공무원으로 퇴직한 할아버지 연금으로 손주 학원비를 내는 경우를 실제로 주변에서 심심찮게 볼 수 있다.

자산 시뮬레이션을 해보자

우리는 10년 단위의 계획을 세워볼 필요가 있다. 나는 과연 얼마를 벌고 얼마를 모을 것인가? 내 저축액과 투자 수익률에 따라 몇 가지 안으로 시뮬레이션해보자. 기본 공식은 아주 간단하다.

(첫 해 저축액) X (1+투자 수익률) = 첫 해 자산

(둘째 해 저축액 + 첫 해 자산) X (1+투자 수익률) = 둘째 해 자산

(셋째 해 저축액 + 둘째 해 자산) X (1+투자 수익률) = 셋째 해 자산

… 이렇게 10년을 반복한다.

똑같이 연봉 2800만 원으로 사회생활을 시작한 두 사람에게 매년 연봉 상승률 5%, 투자수익률 8%라는 동일 조건을 주고 10년, 20년 뒤 자산을 계산해보도록 하겠다. 단, 저축률의 차이는 존재한다. 한 명은 번 돈의 70%를 저축하고, 다른 한 명은 20%를 저축했을 때 두 사람의 미래 자산의 차이를 보자(소득은 연초에 일시불로 받는다고 하고, 세금은 고려하지 않는다).

10년 후 전자는 3억 7천만 원이고, 후자는 1억 원을 모은다. 그리고 같은 방식으로 10년을 더 불렸을 때 전자는 14억 1천만 원, 후자는 4억 원으로 자산 차이가 많이 벌어진다. 전자가 좀더 현실적이었다면 10년 차에 대출을 끼고 아파트를 샀을 것이고, 원리금 상환을 한다 해도 자산은 후자와 더 많이 벌어졌을 것이다. *단순히*

내 자산 10년, 20년 후 시뮬레이션

저축률 70%의 경우 (단위: 만 원, 세 포함)

기간	소득액	저축액	투자수익액	누적 자산
1년	2,800	1,960	157	2,117
2년	2,940	2,058	334	4,509
3년	3,087	2,161	534	7,203
4년	3,241	2,269	758	10,230
5년	3,403	2,382	1,009	13,621
6년	3,574	2,502	1,290	17,413
7년	3,752	2,627	1,603	21,642
8년	3,940	2,758	1,952	26,352
9년	4,137	2,896	2,340	31,588
10년	4,344	3,041	2,770	37,399
20년	7,075	4,953	10,493	141,660

저축률 20%의 경우 (단위: 만 원, 세 포함)

기간	소득액	저축액	투자수익액	누적 자산
1년	2,800	560	45	605
2년	2,940	588	95	1,288
3년	3,087	617	152	2,058
4년	3,241	648	217	2,923
5년	3,403	681	288	3,892
6년	3,574	715	369	4,975
7년	3,752	750	458	6,184
8년	3,940	788	588	7,529
9년	4,137	827	669	9,025
10년	4,344	869	792	10,685
20년	7,075	1,415	2,998	40,474

똑같은 수식을 반영해 가정해봤음에도 불구하고 이렇게 엄청난 차이가 나는 이유는 뭘까? 저축액 때문이다. 저축액이 많으면 자산은 가속도가 붙는다.

놀랄 것도 없다. 비슷한 시기에 결혼한 부부들이 10년, 20년 후에 자산이 어떻게 변해있는지 주변에서 쉽게 비교해볼 수 있다.

종잣돈 크기의 힘

어릴 때 만들던 눈사람을 떠올려보자. 주먹만한 눈덩이를 먼저 뭉친 뒤 눈밭 위를 굴리는 것과 축구공만한 크기로 눈을 뭉친 뒤 굴리는 것, 그 차이는 어땠던가? 단, 눈밭은 균일하게 눈이 쌓여

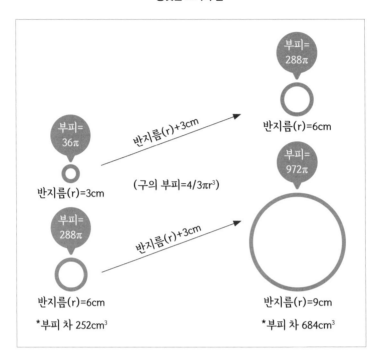

있고 두 사람이 굴리는 속도는 같다고 가정하자. 처음부터 축구공 크기로 굴리기 시작한 경우에 훨씬 큰 눈사람을 만들 수 있었다. 구의 부피를 구하는 공식을 통해 증명해보자면 다음과 같다.

반지름 3cm짜리 구와 6cm짜리 구가 있다. 두 구의 부피 차이는 252cm³다. 그러나 각 구의 반지름을 3cm씩 더한다면? 두 구의 부피 차이는 684cm³로 약 2.7배 늘어난다. 즉 구의 부피가 균일한 차로 커지는 것이 아니라 그 차이가 기하급수적으로 불어난다는 의미에서 종잣돈 크기의 중요성을 다시 한 번 확인할 수 있다.

자산 목표를 세웠다면
계획에 기름을 붓자

계획을 좀더 빨리 달성하기 위해서는 소득을 올리고 지출은 줄이자. 수익률은
높이고, 기간은 길게 가져야 한다.

 10년, 20년 후에 가질 수 있는 자산에 대한 계획을 세워보
았다. 물론 목표 금액을 좀더 빨리 달성하고 싶은 사람도
있을 것이다. 이럴 때는 먼저 공식을 재확인한 뒤 어느 부분에 기
름을 부어주면 될지 알아보면 된다.

소득 − 지출 = 저축액

저축액 X 수익률 = 투자수익액

→ 매년 반복해 복리 효과를 노린다.

→ 소득을 높이고 지출을 줄인다. 경제공부를 통해 수익률을 높이고, 오래
  굴린다.

소득↑, 지출↓, 수익률↑, 기간은 길게

앞서 공식을 통해 계획을 좀더 빨리 달성할 수 있는 팁을 확인했다. 이 4가지를 이룰 수 있는 방법들을 알아보자.

첫째, 소득을 늘리기 위해서 평균 이상의 연봉 상승을 노린다. 자신이 하고 있는 일에 집중하고 인정받고 그 성과를 보상으로 받는 것만큼 쉬운 일은 없다. 만약 그렇지 못할 상황이라면 월급 외 소득을 구상해보는 건 어떨까? 의외로 주변을 둘러보면 자신이 잘하는 일을 부업으로 삼아 소득도 올리고 제2의 인생을 준비하는 사람들이 많이 있다.

둘째, 지출을 줄인다. 먼저 저축할 돈을 무조건 자동이체로 돌려놓자. 그리고 남은 지출가능 돈에 대해 절약하는 태도를 습관으로 만든다. 불필요한 지출을 없애기 위해서는 '욕망'과 '필요'를 구분하고, 그 다음에는 지금 가지고 있는 것들로 대체할 수 있는지 확인한다. 이미 가지고 있는 것들을 유지하는 데 비용이 지나치게 필요할 경우에는 처분하거나 다운그레이딩해보자.

만약 선택과 집중이 너무 어렵다면 '강약중강약' 전략을 추천한다. '강약중강약' 전략은 전부 좋은 걸로 사는 게 아니라 고관여 상품은 비싼 것, 저관여 상품은 싼 것, 나머지는 적당한 수준에서 구매를 해 전체적인 평균을 맞추는 방법이다.

셋째, 수익률을 높인다. 우리는 수익률을 위해 경제 공부를 한다고 해도 과언이 아니다. 경제를 이해하고 있다면 내가 어디에 서

있는지 파악할 수 있기 때문에 현금을 갖고 있어야 할지, 투자를 해야 할지, 투자한다면 어디에 해야 할지 등을 알고 실천할 수 있다. 물론 경제 공부를 하지 않은 상태에서도 꾸준히 적립식으로 펀드나 우량주를 모아간다면 손실에 대한 리스크는 상쇄하며 이익을 볼 수는 있다.

넷째, 투자를 길게 한다. 20대의 1천만 원은 40대의 1억 원의 가치보다 더 값지다. 예금을 매년 재예치해 복리 효과를 보는 것, 즉 어릴 때 받는 용돈으로 꾸준히 주식을 모아서 배당금으로 재투자를 하면 성년이 되었을 때 큰 자금으로 돌아올 수 있다는 경험을 자녀들에게 선사하자. 시간이야말로 투자자에게는 가장 쉬우면서 수익률에 가장 큰 영향을 미치는 요소이기 때문이다.

구체적인 계획을 세워야 이룰 수 있다

앞의 두 사람은 출발점이 같았으나 굉장히 다른 미래를 맞이함을 확인했다. 이런 것이 조망 능력이다. 미리 앞날을 내다보며 숫자로 된 계획을 수립하고 관리해나가는 것이 필요하다.

사람들이 종종 저지르는 실수 중 하나는 돈이 없다는 이유로 저축을 미루는 것이다. 그러나 저축하기 가장 좋은 시기는 바로 '지금'이다. 은퇴를 앞둔 사람에게 질문해보라. 자산을 불리는 데 가장 소중한 것은 '시간'이라고 답할 것이다.

누가 좀더 빨리 시작하고 멀리까지 계획을 세우며 실천해 나갔느냐에 따라 인생은 달라진다. 구체적이지 않은 계획은 실행하기 어렵다는 단순한 이론을 잊지 말도록 하자.

미국의 사상가이자 문학자인 헨리 데이비드 소로^{Henry David Thoreau}는 그의 책『월든^{Walden}』에서 이렇게 말했다. '긴 안목에서 보면, 인간은 목표로 한 것을 이룬다. 따라서 당장은 실패하더라도 목표는 높은 곳에 두는 편이 낫다.'

매일 하루만 보며 산다는 것은 발끝만 보고 걷는 것과 마찬가지다. 좀더 시선을 앞에 둬보자. 길의 끝을 바라보며 걸음걸이의 보폭과 속도를 계산해야 끝까지 걸어갈 수 있다. 돈을 벌고 쓰는 것도 이와 다를 바 없다. 매일 똑같은 하루를 산다면 돈은 통장에 들어왔다가 사라지는 무한루프의 세계에서 벗어나지 못한다.

어디서부터 시작하고 무엇부터 해야 되는지 알려주는 사람도 없고, 찾아보자니 막막하다. 그럴수록 심플하게 돈에 대해 다시 생각해보자. 오늘 우리가 돈에 대하는 자세에 따라 수년 뒤 당신의 자산이 좌우된다는 것을 잊지 말고, 내 미래의 자산 계획을 세워보자.

10년 단위로
인생을 조망하다

삶의 순간들을 성공과 실패로 이분화하지 말고 모든 과정을 즐기자. 인생은 원래 어렵고, 잘 살아보기란 더 어렵다.

'조망하다'의 뜻은 먼 곳을 바라보거나 앞일을 내다보는 것이다. 크고 높은 시선에서 바라봤을 때 우리 인생은 어떤 모습일까? 사람들은 취업, 결혼, 육아, 은퇴 등 통과의례들을 거치며 인생을 살아간다. 사람에 따라 의례를 생략하거나 기간이 다를 수 있겠지만 대부분 이런 과정 속에서 생로병사를 겪으며 죽음에 이른다.

우리 앞에 어떤 생이 펼쳐질지, 그리고 인생의 중요한 순간마다 우리에게 얼마만큼의 돈이 필요한지, 어떻게 대비하면 괜찮을지, 어떻게 의사 결정하는 것이 합리적일지에 대해 여기에서 조망해 보고자 한다. 물론 여기서도 단위는 10년씩이다.

인생을 조망하면 얻게 되는 효과

인생 전체를 한번 조망해보는 것이 큰 의미가 있을까 싶겠지만, 어렴풋이 알고 있는 것보다 눈으로 확인하면 살아가는 마음가짐에 분명 차이가 날 것이다. 구체적으로는 다음과 같은 효과들을 기대해볼 수 있다.

첫째, 목표 수립 및 달성 의지로 하루를 알차게 살아갈 수 있다. 자산의 목표점을 정하고 하루를 살아가는 사람과 그냥 하루를 살아가는 사람의 마음가짐은 분명 다르다. 헛되게 돈을 쓰거나 시간을 낭비하지 않으며, 꾸준히 성실하게 살 수 있다. 또한 책임감이 생기기 때문에 쉽게 월급을 포기하거나 좌절하지 않는다.

둘째, 불필요한 지출을 막는다. 언제 어떤 이유로 어느 정도의 돈이 필요한지 미리 가늠할 수 있기 때문에 현재의 비효율적인 소비를 자제할 수 있고, 필요할 때 제대로 돈을 쓸 수 있다.

셋째, 업무 집중력을 높일 수 있다. 인생의 내비게이션을 켜둔 사람은 길 위에서 헤매지 않는다. 본인의 일에 집중해 더 높은 성과를 낼 수 있다. 이는 결국 연봉이 상승하는 등 소득 증가로 이어져 자산은 더 빨리 늘어난다.

넷째, 투기 유혹에 흔들리지 않는다. 돈을 갖고 있으면 돈을 굴려주겠다는 사람이 나타난다. 또는 가지고 있는 돈을 투자해 불리고 싶은 충동에 자신도 모르게 위험한 투기에 빠지기도 한다. 하지만 구체적인 재무 목표가 있다면 유혹에 빠질 여유가 없다.

다섯째, 안정적인 생활이 가능하다. 가족 구성원이 공동의 목표를 가지고 함께 걸어가기 때문에 서로 의지하고 위로하며 살아갈 수 있다. 자녀가 초등학교 고학년이 되면 가정의 경제 상황을 자녀와 공유하는 것이 좋다. 무분별한 소비를 자제하고 효율적으로 돈을 쓰는 연습을 할 수 있는 시점이기 때문이다. 무엇보다 심리적 안정감이 높기 때문에 특별히 당황하지 않고 절제된 삶에도 행복을 느낄 수 있다.

10년 단위로 인생을 조망하자

우리 인생을 마치 타임머신을 탄 듯 10년씩 건너뛰며 살펴보자. *인생에서 가장 큰 지출 항목은 주택 자금 마련, 자녀 교육비, 노후 자금, 이렇게 3가지다. 1인 가구의 경우에는 자녀 교육비를 제외한 주택자금 마련과 노후 자금, 이렇게 2가지를 준비한다.*

보통 1인 가구는 홀로 남았을 때를 대비하며 노후 자금만 준비하는 경향이 있는데, 주택 마련을 간과하면 안 된다. 중요한 시기에 실물자산으로의 투자가 빠진다면 재산을 늘리기 쉽지 않기 때문이다. KB금융 지주 경영 연구소의 〈2018 한국의 1인 가구 보고서〉에 따르면 1인 가구의 거주 주택 소유 형태는 전세, 월세, 자가 순이었고, 자가 보유율은 28.2%로 전체 가구의 자가 비율(60.6%, 2017년 가계금융 복지조사)보다 낮은 것으로 나타났다.

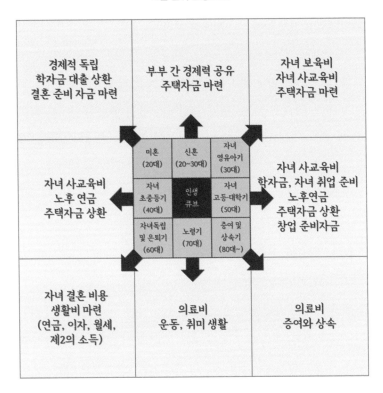

10년 단위 인생 조망

경제적 독립 학자금 대출 상환 결혼 준비 자금 마련	부부 간 경제력 공유 주택자금 마련	자녀 보육비 자녀 사교육비 주택자금 마련
자녀 사교육비 노후 연금 주택자금 상환	미혼 (20대) / 신혼 (20~30대) / 자녀 영유아기 (30대) 자녀 초중등기 (40대) / 인생 큐브 / 자녀 고등-대학기 (50대) 자녀독립 및 은퇴기 (60대) / 노령기 (70대) / 증여 및 상속기 (80대~)	자녀 사교육비 학자금, 자녀 취업 준비 노후연금 주택자금 상환 창업 준비자금
자녀 결혼 비용 생활비 마련 (연금, 이자, 월세, 제2의 소득)	의료비 운동, 취미 생활	의료비 증여와 상속

그렇다면 어느 시점에서 어떤 준비를 하면 되는지 위의 표를 보며 확인해보자.

미혼(20대)

이 시기는 가장 중요한 이슈가 취업으로 인한 경제적 독립, 학자금 대출 상환, 결혼 준비 자금 마련이다. 요즘은 취업 준비 기간이 늘어나 부모에게 기대는 경우가 많아 부모 세대도 부담이 크다. 또한 취업 연령 자체가 늘어나다보니 돈을 벌기 시작하는 나이가 늦어진다. 이로 인해 종잣돈을 모을 수 있는 시간적 손실이 큼을 알 수 있다. 가능하면 일찍 취업하도록 하고, 만약 늦게 취업하게 된다면 최대한 자금을 모을 수 있도록 '욜로^{YOLO}, 탕진잼(소소하게 탕진하는 재미를 일컫는 말), 있어빌리티(남들에게 있어 보이게 하는 능력을 뜻하는 신조어)' 등을 지양하고, 성실하게 일하고, 지출을 통제하자.

이렇게 아끼고 모은 돈은 1%라도 금리를 더 주는 청년 우대 통장을 찾아 자동이체로 적금을 가입한다. 어느 정도 종잣돈이 모이기 전까지는 재테크를 접고 본인의 일에 몰두해보자.

만약 향후 3~5년 전후로 결혼 계획이 있다면 중기적^{中期的} 자금으로 주택청약 저축은 필수로 가입해두자. 신혼부부 특별 공급분양과 신혼부부 행복타운 등에 대한 정보도 꾸준히 알아두자.

신혼(20~30대)

"결혼을 해야 정신 차리고 빨리 돈을 모은다"는 말을 수도 없이 들었으리라. 보통 부모님들이 이런 말을 하면서 결혼을 종용하기도 한다. 100% 맞는 말은 아니지만 그래도 일리가 있는 말이다. 각자 독립생활을 하던 청춘이 하나로 살림을 합치며 월세나 생활비를 효율적으로 관리할 수 있는 계기가 된다.

무엇보다 먼저 서로의 자산과 부채, 연봉을 공개하고 지출에 대한 대략의 성향도 털어놓으면서 인생의 중장기 계획을 수립할 수 있다. 물론 이때 많이 싸운다. 서로가 살아왔던 환경과 가치관, 취향의 차이로 이견이 생기기 때문이다. 이렇게 합리적으로 결정해 나가는 과정에서 비로소 부부가 되어간다.

서로의 경제상황을 공유했다면, 그 다음은 종잣돈의 규모와 계획을 세워야 한다. 이때 가장 중요한 경제적 이슈는 주택자금 마련이기 때문에 최대한 아이를 낳기 전까지 돈을 모아두는 것이 후회가 없다. 비상용으로 유동성 자산을 일부 확보하고, 나머지는 종잣돈을 모으는 데 총력을 기울여야 한다.

보험과 연금의 계획을 가정이라는 울타리 내에서 재설계해본다. 대부분 눈에 보이는 주택이나 자동차 등을 구입하면서 보이지 않는 위험에 대한 대비는 약해진다. 질병이나 상해로 큰돈이 지출될 수 있음을 잊지 말자. 또한 일찍 보험에 들수록 낮은 가격으로 더 큰 보상을 받기 쉽다는 점을 기억하자. 월 납부 가능한 수준의 보험료로 새롭게 정립해볼 필요가 있다.

자금관리는 한 사람이 통합해서 하되, 월 단위로 해당 월의 성과반성을 함께하는 것이 가장 효율적이다.

자녀 영유아기(30대)

아이의 탄생은 축복이자 삶의 중심축이 부부에서 아이로 이동함을 의미한다. 현재는 자녀를 마음껏 낳고 키울 수 있는 환경이 되지 못하기 때문에 출산률이 자꾸만 떨어진다. 〈2015년 전국 출산력 및 가족 보건, 복지실태 조사〉에 따르면, 자녀 1명을 낳고 키우는 비용은 대략 한 달에 71만 7천 원(대도시 기준)이라고 한다. 영유아기 6년을 총액으로 계산하면 5,162만 원에 이른다. 심지어 월 평균 소득 160% 이상인 가정은 한 달 108만 5천 원으로 약 30% 이상 양육비가 더 든다고 한다.

이렇게 많은 비용이 들기에 걱정되지만 구체적이고 합리적인 출산과 양육 계획을 세운다면 못해낼 것도 없다. 출산 장려 정책으로 지원되는 아동수당과 다둥이카드 등 다양한 혜택이 많으니 꼭 챙겨서 받도록 하자.

이 기간은 주택자금 마련에도 절대적으로 중요한 시기다. 아이에게 뭐든 다 해주고 싶은 부모의 마음은 이해하나, 그 마음을 돈으로 환산해 통장에 넣거나 우량주를 한 주씩 사는 것으로 대체하자. 특히 백일이나 돌 때 집안 어른들에게 받는 축하금은 귀한 종잣돈이 된다. 주변에서 물려받을 수 있는 것은 철저히 받고, 공공도서관이나 어린이 놀이터를 이용해 최대한 키즈 마케팅에 걸려들지 않도록 하자.

아이가 초등학교 입학하기 전까지 살 동네를 결정하자. 자산과 대출로 선택 가능한 집을 찾아 전세를 끼고 사두는 것도 좋은 방법이 될 수 있다. 그 전에는 먼저 신혼부부 특별공급 분양을 노리고 최대한 청약에 도전해보자.

자녀 초중등기(40대)

자녀의 사교육비와 부부의 노후연금에 대한 구체적인 전략이 필요한 시기다. 하교 시간에 학교 앞은 노란 셔틀버스들이 줄을 이어 아이들을 실어 나른다.

"초등학교 저학년 때는 예체능 위주로 하면서 영어는 빡세게 시켜두고, 고학년부터는 논술·수학·과학을 추가하는 게 기본이에요. 중학교 입학 전까지 중3 수학은 선행으로 마스터해야 하죠." 옆집 엄마의 말이 솔깃하게 들린다.

혹시 내 아이만 못 따라가는 것은 아닐까? 혹시 내 아이가 그림을 못 그리거나 피아노를 잘 치지 못해 주눅들지는 않을까? 학원 상담을 가면 원장들은 부모의 불안함을 건드리고 경제력을 꼬집는다. 늘어나는 사교육비와 직장마저 불안한 남편의 한숨에 알바라도 해야 하나 싶다. 이럴 때일수록 가정의 기준과 원칙을 함께 세우는 것이 좋다.

사교육비와 노후연금을 저울에 놓고 비교하자. 자녀도 이때부터 가정의 경제적 수준과 자신의 진로에 대해 부모와의 공유가 필요한 시점이다. 사교육이 아이의 재능에 투자가 된다면 지속하고, 아니라면 불필요한 비용이라 과감히 결론짓고 줄여나가자. "누가 언제 학원 보내 달랬어?"라며 나중에 자녀에게 원망 받고 싶지 않다면 말이다. 본인들의 노후 자금은 반드시 필요한 비용이고, 조금이라도 빨리 개인연금과 국민연금에 가입할수록 나중에 후회하지 않는다.

또한 주택 마련 또는 확장에 대한 자금계획도 생각해보자. 성별이 다른 자녀들이라면 커가면서 방을 분리해줘야 하거나 자녀들의 라이프스타일에 따라 넓은 집의 필요성을 느끼게 된다. 하지만 향후 10년 내에 퇴직할 가능성이 있다면 무리해 주택을 확장해가는 것은 재고해야 한다. 예전처럼 대형평수가 각광받던 시대가 아니기 때문에 30평대를 넘지 않는 수준에서 대출금 상환계획을 구체적으로 세워 구입하도록 하자.

자녀 고등·대학기(50대)

이 시기에 가장 많은 돈이 필요하다. 자녀에게 필요한 사교육비 및 학자금, 취업 준비 비용까지 말이다. 요즘은 중학교 졸업과 동시에 진로에 대한 대략적인 결정을 하고, 고등학교 때부터는 세부적인 준비를 시작한다. 수능만으로 대학을 가는 정시의 비중은 예전보다 줄어 30% 수준이다. 수시 비중이 높아졌다는 뜻인데 고등학교 때 어떤 활동을 하고 어떤 수업을 들었는지, 어떤 자기소개서와 전공에 대한 학습계획서를 작성하느냐 등 학생부 종합기록의 내용이 중요해졌다.

이에 따라 학교 내신 외 다른 활동비가 사교육비로 들어간다. 게다가 대학 학자금은 연간 1천만 원을 훌쩍 넘은지가 오래다. 앞서 자녀 영유아기 때 따로 통장을 만들어두자는 의미는 이 때문이다. 소비하는 대신 묻어뒀던 주식·배당금·비과세 저축이 이때 큰 힘이 될 수 있다.

비단 자녀만 돈이 많이 드는 것이 아니다. 가장은 직장에서 은퇴할 준비를 하며, 새로운 창업이나 제2의 직업을 위한 준비자금 필요하다. 또한 주택담보 대출이 있다면 퇴직 전에 조기 상환을 하더라도 완료하는 것이 좋다.

퇴직 후 다른 일을 준비하려면 일정기간 소득이 없을 수 있고, 대출 이자로 나가는 비용도 아깝기 때문에 평수를 갈아타더라도 대출에 대한 부담에서 자유로워지자. 그리고 연금을 넣을 수 있는 마지막 시기이기 때문에 꾸준히 연금관리도 잊지 않아야 한다. '준비 없는 은퇴만큼 힘든 건 없다'는 마음가짐으로 사전 준비를 철저하게 해야 한다.

자녀 독립 및 은퇴기(60대)

이제 부부만 남았다. 불필요하게 큰 집이면 사는 집부터 다운사이징을 추천하고, 세금 부담이 높은 다주택자라면 임대사업자 등록 또는 일부 매도를 하는 것을 추천한다.

부부가 받을 수 있는 국민연금·개인연금·퇴직연금의 규모를 계산해보고, 부족한 부분은 이자소득이나 임대소득 등으로 채울 수 있도록 자산을 이전한다. 주택연금도 고려해보는 것이 좋다.

60대는 그동안 쌓아왔던 경험과 지식을 활용하며 할 수 있는 일이 많은 나이다. 그렇기 때문에 적은 돈이라도 기술이나 서비스를 통해 수입이 발생할 수 있는 것을 찾아보자. 그동안의 취미였던 것을 살려 작은 공방이나 작업실을 차리는 것도 좋고, 글을 쓰거나 아이들을 가르치는 일도 좋을 것이다. 크게 시간에 얽매지 않고 보람을 느낄 수 있는 작은 일을 찾아 삶의 활력도 찾을 수 있도록 한다.

노령기(70대)

본격적으로 의료비가 많이 들어갈 시기다. 되도록 병원 가까이 살고 힘든 운동이나 텃밭 가꾸기를 자제하는 등 건강을 꾸준히 챙겨 더 큰 지출이 나가는 것을 미연에 방지해야 한다. 이 시기에는 돈을 버는 것보다 유지하는 데 집중하고, 원금을 잃지 않도록 위험한 투자는 지양해야 한다.

증여 및 상속기(80대~)

본인이나 배우자의 죽음에 대해 미리 준비해야 한다. 세금을 고려해 재산을 생전에 증여하거나 사후에 상속할 수 있게끔 자산 정리를 시작해야 하는 것이다. 부모들은 자녀가 기본적인 의식주 걱정 없이 원하는 일을 맘껏 하거나 사람들을 돕는 일을 하며 사는 것을 바란다. 이러한 유산은 부모가 자식에게 주는 마지막 선물이기 때문에 조금이라도 준비해두자. 아마도 대부분의 부모가 같은 마음일 것 같다.

한 사람이 또 한 사람을 만나 가정을 이루고 자녀를 키우다가 어느새 독립시키고 남은 부부가 삶을 마무리하는 과정까지 쭉 훑어보았다. 나도 이제 막 30대를 통과했지만 지나고 보면 과거의 순간순간이 참 어렵고 힘들었다. 삶의 순간들을 성공과 실패로 이분화하지 말고, 살아가는 모든 과정을 즐기자. 인생은 원래 어렵고, 잘 살아보기란 더 어렵다.

캐나다 출신의 피아니스트 스티브 바라캇^{Steve Barakatt} 앨범 중 〈Sailing together〉라는 연주곡이 있다. 배우자와 함께 큰 바다에서 요트를 타고 여행한다는 기분으로 태풍과 파도에 맞서 싸우고, 눈부신 햇살에 여유를 즐기기도 하며 여행하듯 인생을 살아보자.

내 인생의
재무제표를 작성하자

내 소득이 어떻게 흘러가는지 시스템을 파악하고 있어야 한다. 선순환 구조로 흘러가는 가계와 그렇지 못한 가계는 확연히 다르다.

 어린 시절부터 국어와 수학을 잘해야 한다고 한다. 국어를 잘해야 주제를 파악할 수 있고 수학을 잘해야 분수를 안다는 뜻으로, 우스갯소리이지만 뼈 있는 말이다. 주제와 분수를 안다는 말은 '나' 스스로를 알라는 뜻이고, 모든 일의 시작은 '나'를 아는 데서 출발한다는 의미다. 애써 외면하고 싶더라도 정면에 서서 정확히 볼 수 있는 용기가 필요하다.

앞서 10년 단위로 어떤 돈이 필요하고 얼마를 모을 것인지 훑어보았으니, 이제는 주기적으로 체크할 수 있는 내 자산의 점검표, 즉 내 인생의 재무제표를 작성해보자. 회계어는 물론 어렵다. 그러나 필요한 부분만 추출해 가공하면 어렵지 않으니 두려워하지 말자.

기업 경영과 가계 소득 경영의 차이

기업의 재무제표財務諸表는 5가지가 있다. 회계기간 말 재무 상태에 대한 정보를 담고 있는 재무상태표(대차대조표), 일정 기간 경영 성과에 대한 정보를 알려주는 손익계산서, 자본의 크기와 변동에 대한 정보를 제공하는 자본변동표, 현금흐름에 관한 정보를 포함하는 현금흐름표, 재무제표상 필요한 추가 정보를 주는 주석이다. 전부 보려면 복잡하니 심플하게 2가지, 즉 재무상태표와 손익계산서만 사용하려 한다.

먼저 기업의 돈 흐름을 살펴보자. 주식을 발행해 자본금을 확보하고 소득을 창출하고 지출을 제외한 순이익을 공장이나 기계 등 생산 설비에 투자하거나 부채 상환, 현금이나 부동산으로 보유해 두기도 한다. 이 모든 것은 지속적으로 더 많은 자산을 만들어내기 위한 활동이다.

기업경영은 이렇게 재무상태표와 손익계산서 사이의 순환을 얼마나 효율적으로 하느냐에 따라 기업의 이익이 결정된다. 전자는 자산의 조달과 배분의 흐름이, 후자는 자산의 투입과 산출의 흐름이 기록되기 때문에 이 2개의 표가 가장 중요하다.

동일하게 우리의 상황에 적용해보자. 우리는 소득에서 생활비를 제외하고 남은 돈으로 저축을 하고, 대출을 상환하고, 자동차를 사거나, 저축이나 부동산에 투자한다. 기업은 '자산'에 해당하는 부분을 지속적으로 재투자해 또 다른 소득을 만들어내려 노력한다.

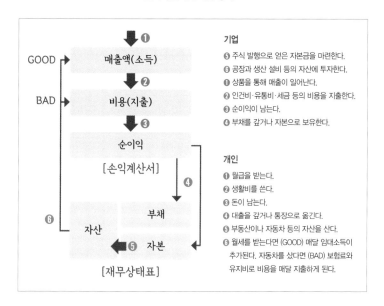

손익계산서와 재무상태표

기업
❺ 주식 발행으로 얻은 자본금을 마련한다.
❻ 공장과 생산 설비 등의 자산에 투자한다.
❶ 상품을 통해 매출이 일어난다.
❷ 인건비·유통비·세금 등의 비용을 지출한다.
❸ 순이익이 남는다.
❹ 부채를 갚거나 자본으로 보유한다.

개인
❶ 월급을 받는다.
❷ 생활비를 쓴다.
❸ 돈이 남는다.
❹ 대출을 갚거나 통장으로 옮긴다.
❺ 부동산이나 자동차 등의 자산을 산다.
❻ 월세를 받는다면 (GOOD) 매달 임대소득이 추가된다. 자동차를 샀다면 (BAD) 보험료와 유지비로 비용을 매달 지출하게 된다.

　　우리가 재테크를 하는 제1의 목적이 나이가 들어 노동 소득을 기대할 수 없을 때를 대비해 시스템을 만들어두려던 게 아니었던가? 그런 의미에서 우리는 자본에서 자산으로 넘어가는 부분에 대해 소홀히 생각하면 안 된다. 어떤 자산을 선택하느냐에 따라 돈 관리 시스템은 잘 돌아갈 수도 있고, 붕괴될 수도 있기 때문이다.

　　보통 개인이 자본으로 구입하는 자산의 대표적인 것들이 부동산, 자동차다. 그런데 생각해보자. 내가 산 부동산과 자동차는 새로운 소득을 창출해내는가? 또는 그 자체로서 투자 가치가 있어 팔았을 때 큰 수익을 기대할 수 있는가? 아니면 유지 관리 비용이 더 들어 지출만 늘어나는 건 아닌가?

사례 1

서울에서 오래 살아온 워킹맘 K는 아이들이 태어나자 넓은 마당의 집에서 키우고 싶어 도시에서 살짝 벗어난 지역의 타운하우스를 구입했다. 지하철로 출퇴근이 어려워져 차도 새로 바꾼다. 아이들도 커갈 것이고 좀더 큰 차가 낫겠다 싶어 이왕이면 평소 선망했던 수입 SUV를 선택하기로 했다. 물론 대출을 일부 받았기에 가능하다.

사례 2

직장인 P는 싱글이다. 주 52시간 근무제 확대로 비싼 도심지 월세 오피스텔에서 벗어나 교통이 좋은 신도시 신축 상가주택 투룸 전세로 이사했다. 전세자금 대출을 이용해서 월세 부담에서 벗어났다. 퇴근 후 아래층 초밥집에서 아르바이트를 하며 월급 외 소득도 올리고, 일본 요리도 배우고 있다. 추가 소득은 적립식 펀드에 들었고, 차는 구입할 생각이 없다.

K는 저축으로 모은 자본을 타운하우스와 수입차라는 지산으로 바꿨다. 먼저 타운하우스는 학교와 편의시설이 아파트단지에 비해 떨어지고, 여름철 전기세나 겨울철 난방비 등 관리비가 많이 들어간다. 게다가 수요는 많지 않고 공급이 많아 환금성이 떨어지며, 시세 차익도 기대하기 어려운 자산이다. 수입 SUV 역시 보험료와 유지비를 고려했을 때 지속적으로 많은 비용이 들어간다. 결

국 K는 월급으로 모은 자본을 비용이 발생하는 자산으로 바꿨기에 투자 수익은 기대하기 어렵고, 추가 비용을 안게 되었다.

반면에 P는 현명했다. 월세 지출을 줄이기 위해 도심의 비싼 오피스텔에서 벗어나 저리(低利)의 전세자금 대출을 받았고, 소득을 높이기 위해 저녁 아르바이트를 시작했다. 이를 통해 순이익(월세에서 전세자금 대출 이자를 뺀 금액, 아르바이트 비용-)이 추가되어 자본이 빠르게 늘어날 것이다. 게다가 펀드 수익률을 기대할 수 있으며, 자동차를 구입하지 않음으로써 비용이 새는 것을 막았다.

가계 소득의 선순환 구조

땀 흘려 번 가계 소득이 어떻게 흘러가는지 시스템을 완벽하게 파악하고 있어야 한다. 1년, 2년 흐르다 보면 선순환 구조로 흘러가는 가계와 그렇지 못한 가계의 차이는 확연히 달라져있기 때문에 그때 가서 후회하면 늦는다.

농사를 지을 때 논에 물을 대는 일이 중요하다. 그래서 '보(状)'라는 시설을 만들어 물의 유량을 조절한다. 보란 농업, 생활용수 등을 취수하기 위해 하도를 막아 상류에 일정한 수위를 유지시켜 취수로를 따라 일정 유량이 유입되도록 설치된 구조물을 말한다. 이러한 보에서 나오는 물을 우리의 '월급'이라고 생각해보자.

우선은 안정적으로 보를 유지할 수 있어야 가뭄이나 홍수에 대비할 수가 있다. 보 입구를 가로막는 나무막대나 흙은 '지출'이다. 그렇기 때문에 계속 치워주고 안정된 수로로 논에 물이 들어올 수 있게 지속적인 관리가 필요하다. 그렇게 논에 들어온 물은 '자본'인데, 자본은 '자산'이라는 벼가 쑥쑥 자랄 수 있도록 해준다.

'금융지식'으로 무장한 농부가 벌레도 잡고 약도 쳐주고 태풍이 불면 벼도 세워주는 등 세심하게 관리하면 많은 양의 쌀을 수확할 수 있다. 농부는 추가로 수확한 쌀 덕분에 다음에는 농사를 더 잘 지을 수 있도록 기계를 구입하고, 좋은 볍씨에 투자한다.

우리가 월급을 받고 지출을 통제하며 투자를 궁리하는 것도 월급으로 농사짓는 행위와 비슷하다. 보다 기름진 토양, 우수한 보를 확보하고 절기에 맞춰 열심히 농사를 짓는다는 것이 분기별·연도별로 재무제표를 관리하는 것과 다를 바 없지 않을까? 지금부터라도 월급통장이 '텅장'이 되었음을 아쉬워하지 말고 소득 시스템의 선순환 구조를 만들자.

한 달에 한 줄,
심플 가계부를 쓰자

한 달에 한 줄 쓰는 심플 가계부는 매년 월간 예산을 미리 적은 후 매달 1번 실적을 기입하고 성과를 반성한다는 의미다.

 사람들은 가계부를 거의 쓰지 않는다. 예전처럼 은행에서 가계부를 나눠주는 경우도 없고, 가계부를 구입하는 건 거의 보기 힘들다. 그렇다고 스마트폰의 무료 가계부앱을 쓰지도 않는다. 카드 사용 내역 문자 메시지를 자동으로 관리해주는 편리함이 있음에도 불구하고 말이다.

왜 우리의 일상에서 가계부는 사라지고 만 것일까? 물론 사람들이 더 바빠졌다. 소비하는 시간이 길어졌고, 소비의 양과 종류가 많아져 적을 게 더 많아졌다.

그런데 다른 문제는 없을까? 우리가 가계부를 활용하는 방식과 소요 시간을 생각해보았다. 앱이든 책자로 된 가계부이든 우리가 가계부를 채워나가는 데 가장 집중하는 행동은 무엇일까?

그것은 바로 기록이다. 우리는 지출을 기록하는 데 90% 이상의 시간을 소비하고 있다. 게다가 끈기가 부족한 사람들은 그것마저도 일찌감치 포기한다. 이쯤에서 가계부도 심플하게 목적과 본질을 다시 생각해보자.

- 가계부의 목적: 우리 집, 또는 내(1인 가구)의 재정 상태를 계획하고 실행하고 성과에 대해 반성하는 것.
- 가계부의 본질: '적기 위한' 것이 아니라 '보기 위한' 것.

심플 가계부 사용법

목적과 본질만 남긴 가계부를 엑셀로 만들어보았다. *한 달에 한 줄 쓰는 심플 가계부는 매년 월간 예산을 미리 적은 후 매달 1번 실적을 기입하고 그 성과를 반성한다는 의미다. 고정 지출을 최대한 줄이고 변동 지출을 자제한다는 전제가 깔려있어야 가능하다.*

기존의 가계부가 식구가 많은 가정이라는 전제로 작은 사업체를 운영하는 장부였기에 핵가족, 1인 가족의 경우 무거운 느낌이 있는 건 사실이다. 그래서 한 달에 한 줄, 심플 가계부를 한번 활용해보자.

엑셀은 총 2개의 장표가 있다. 먼저 월별 가계부 사용법부터 설명하자면 다음과 같다.

첫째, 항목은 크게 소득·지출·순이익으로 나뉜다. 소득은 정기적으로 들어오는 급여와 비정기적으로 기대되는 기타 소득으로 구분한다. 지출은 고정과 변동으로 나눌 수 있는데, 고정은 포스트잇 기능으로 따로 적어서 특별한 변동이 없는 한 지속적으로 나가는 돈으로 본다. 만약 대출 원리금 상환이 있다면 고정 지출에 넣는 것이 좋다. 또는 원금은 저축란에, 이자는 지출란에 표기해도 된다. 고정 지출보다는 가능한 변동 지출을 제어해야 한다. 마지막으로 순이익은 소득에서 지출을 제외한 나머지다. 보험과 연금처럼 장기적으로 들어가는 돈과 적금과 잉여자금처럼 저축과 투자에 쓰일 돈을 구분한다.

둘째, 연초에 1년 치의 월별 계획을 입력해둔다. 매달 기입해두면 맨 아래 행에 1년 계획을 합산해볼 수 있다. 이때 전체적인 저축률(적금+잉여자금)을 확인하고, 너무 낮으면 다시 지출 계획을 조정해야 한다.

셋째, 실적란에 회색이나 흰색으로 계획과 동일한 금액을 복사해서 붙여둔다. 맨 아래 총계를 지속적으로 관리하기 위해서다.

넷째, 매달 말에 파란색으로 그 달의 실제 소득과 지출을 실적란에 기입한다. 매일 지출을 쓰고 반성해 실수를 반복하지 말고, 최대한 지출은 계획 내에서 쓰고 한 달에 한 번 반성만 하자.

다섯째, 달에 계획보다 지출이 많으면 다음 달에 좀더 아껴 쓰

월별 가계부

(단위: 천 원)

월	구분	소득			지출			순이익					계획 상세	실적 상세
		월급여	기타	소계	고정	변동	소계	보험	연금	적금	잉여 자금	소계		
1	계획													
	실적													
	차이													
2	계획													
	실적													
	차이													
3	계획													
	실적													
	차이													
4	계획													
	실적													
	차이													
5	계획													
	실적													
	차이													
6	계획													
	실적													
	차이													
7	계획													
	실적													
	차이													
8	계획													
	실적													
	차이													
9	계획													
	실적													
	차이													
10	계획													
	실적													
	차이													
11	계획													
	실적													
	차이													
12	계획													
	실적													
	차이													
total	계획													
	실적													
	차이													

분기별 가계부

(단위: 백만 원)

항목	2018년				2019년				2020년			
	1분기	2분기	3분기	4분기	1분기	2분기	3분기	4분기	1분기	2분기	3분기	4분기
대출금												
부동산												
예금												
적금												
주식&ETF												
펀드												
총액												

동영상으로 명쾌하게 이해한다
한 달에 한 줄, 심플 가계부

면 되고, 잉여자금이 많이 남았다 싶으면 투자를 늘려본다.

그럼 어떻게 지출을 통제할까? *지난달 총 지출액을 보고 다음 달에 그 항목을 줄이려고 노력해보자.* 물론 관리비나 통신비의 고정지출도 줄여진다면 더욱 좋겠지만, 무리한 절약은 스트레스로 표출되기 때문에 지양한다. 돈이 새어나가는 구조를 조정하고 착실하게 돈을 통제해나간다는 마음가짐을 가지자.

분기별 시트는 대출 잔여금, 부동산 시세, 예적금 통장 잔고, 주식&ETF, 펀드 등의 잔고를 일일이 확인하고 기록한다. 그래야 돈이 모이고 있는지 보합 상태인지 확인이 가능하고, 앞으로 계획을 다시 생각해볼 수 있는 기회가 되기 때문이다. 즉 나무만 보지 말고 숲을 보는 것이라고 이해하면 쉽다.

지금까지 가계부를 한 달에 1번 쓰는 양식으로 새롭게 정의해 보았다. 가계부를 적기 위해 많은 시간을 보내지 말고 큰 지출 덩어리만 확인하자. 게다가 가족과 함께 내용을 공유한다면 더 큰 시너지를 볼 수도 있다.

기록에 쓰는 에너지는 줄이고, 절약은 습관화하자. 틀을 바꿔 심플하게, 꾸준히 관리하는 것이 핵심이다.

 메이트북스 홈페이지(www.matebooks.co.kr)를 방문하셔서 '도서 부록 다운로드' 게시판을 클릭하시면 본문에서 소개한 '가계부 엑셀파일'을 무료로 다운로드하실 수 있습니다.

금융상품 선택 및
투자 실전에 나서자

매달 들어오는 소득은 꾸준히 적립해 자산으로 만들고, 자산은 고정시켜 최대한 안전하게 유지해야 한다.

 이제 본격적으로 소득을 관리하는 법을 살펴보자. 먼저 금융상품의 특성을 알아보자면 다음과 같다.

일반적으로 수익성, 안전성, 환금성에 따라 상품을 구분할 수 있다. 그 다음으로는 기간으로 구분해 단기(1년), 중기(3~5년), 장기(10년 이상)로 상품을 나누고, 위험도에 따라서는 저위험(예금·채권), 중위험(혼합형 펀드), 고위험(주식형 펀드·주식)으로 나눌 수 있다.

환금성에 따라서는 해지 즉시 돈을 찾을 수 있는 예금과 적금, 환매 후 2~7일 정도가 지난 후 돈이 입금되는 주식 및 펀드, 해지는 어렵지 않지만 중도 환매 수수료가 높아 원금이 보존되지 않는 보험과 연금이 있다.

매달 들어오는 소득을 반복하자

처음 시작할 때는 최소 3~5년간은 종잣돈을 모은다. 이 기간 동안은 다른 금융상품보다 예금만 추천한다. 매년 최대 이율과 청년 우대를 해주는 은행을 찾아 적금을 하고 다음 해에 모은 돈을 더해 예금으로 예치하면 복리 이상의 효과를 보면서 안전하게 돈을 지킬 수 있다.

사회초년생일 때 적금과 예금만 하라는 이유는 단 하나다. 적은 돈으로 수익을 내기에는 큰 효과가 없고, 나이가 어릴수록 일을 하거나 자신의 몸값을 올리기 위한 에너지를 모으는 것이 낫기 때문이다. 이리저리 얕은 재테크 방식에 휩쓸리는 게 오히려 손해다.

그러다가 3~5년쯤 지나면 사회를 보는 눈도 높아져 있고, 세상을 읽는 통찰력도 키워져 있다. 물론 종잣돈도 어느 정도 규모를 갖추고 있으리라. 그때 본격적으로 금융에 뛰어들어도 늦지 않다. 이 단계에서 내게 맞는 금융상품들을 골라본다. 이때 자신만의 전략과 원칙을 세우는 것이 중요하다. 가지고 있는 종잣돈의 크기와 목표 지점이 개인마다 다른데, 무턱대고 남을 따라하거나 남이 만들어주는 그대로 썼다가는 나중에 낭패를 볼 수가 있으니 말이다.

상품의 특징을 알고 자신에게 맞는 상품을 적정한 규모로 운영하려면 전략이 필요하다. 예를 들자면, 목돈을 모으는 기간에는 적금이나 적립식 펀드를 이용하고, 목돈을 굴리는 기간에는 예금이나 채권, 부동산으로 옮겨 재투자한다.

이렇게 지속적으로 소득이 있는 기간에 반복한다. 다시 한 번 기억할 사항은 매달 들어오는 소득은 꾸준히 적립식으로 자산을 만들어가고 자산은 고정시켜 최대한 안전하게 유지할 수 있도록 하는 것이다. 목돈을 만들었다고 하이 리스크 주식에 몰빵한다거나 단기간에 돈을 불려준다는 '묻지마 투자', 가상화폐 등에 절대 소중한 돈을 뺏기지 않았으면 좋겠다.

평범한 사람에서 벗어나 부자가 되려면

여태까지 시도해봤던 재테크가 다 실패로 끝났다면 평범한 사람이다. 재테크 책 10권을 읽어도 못 버는 사람이 대다수다. 주변에 누가 재산을 물려받았다거나, 주식으로 큰돈을 벌었다거나, 자고 일어났더니 아파트 값이 몇 억씩 올랐다는 등의 이야기를 들으면 질투심이 생긴다.

이런 상대적 박탈감을 느낀다면 나는 평범한 사람이 맞다. 그 평범함에서 벗어나려면 어떻게 해야 할까? '어떻게 되겠지'라고 생각만 하면 정말 어떻게 되어버리고 마는 게 인생이다. 그래서 내 주변에 있는 사람들과는 다른 생각, 다른 선택을 해야 한다.

중학교 수학시간에 배웠던 정규분포곡선을 떠올려보자. 평균을 중심으로 배부른 곡선 형태의 그림을 해석해보자면, 대부분의 사람들은 평균점 근처에 머물러 있다. 특별히 극빈자나 부자가 아닌 이상은 대부분 이 근처에 머물며 앞서거니 뒷서거니한다. 게다가 은근 동료애마저 생겨 서로 위로하고 경쟁하며 사는 게 인생이라고 착각하기도 한다.

이 평균의 범주에서 벗어난 부자들은 어떤 생각을 하고 어떻게 행동할까? 내가 옮겨가고 싶은 그 지점의 사람들은 어떤 하루를 보내며 어떤 생각을 하고 살까? 물론 금수저로 태어나 처음부터 부자였던 사람들도 있겠지만 평범했던 사람들이 그 지점으로 가기 위해서는 대단한 노력을 했음이 분명하다.

부자들의 생각과 투자 방식

부자들의 생각과 투자 방식은 보통 사람들과는 다르다. 그 차이점을 크게 6가지로 이야기해보겠다.

첫째, 금리를 주시한다. 앞서 말한 바와 같이 금리는 경제지표의 바로미터다. 부자들은 금리의 오르고 내림에 대한 신호를 참고해 자산을 주식으로 옮길지 혹은 예금으로 갈아탈지, 부동산 또는 채권을 살지 팔지에 대한 준비를 한다. 이렇게 포트폴리오를 조정하고 자산을 이동시키는 일이 부자가 하는 유일한 재테크다.

또한 기본적으로 자산이 많기 때문에 금리 0.1%에도 민감하다. 예를 들어 10억을 은행에 넣고 이자를 받는다고 할 때, 금리 2%인 시중 은행은 연간 2천만 원이다. 만약 2.5%인 특판 상품에 가입한다면? 연간 2,500만 원이니(편의상 세금은 감안하지 않았다) 약 500만 원 차이가 난다. 가지고 있는 자산의 규모가 크다면 작은 이자율 차이에도 크게 다른 결과를 얻기 때문에 금리에 민감할 수밖에 없는 것이다.

둘째, 비용과 세금을 싫어한다. 모든 거래에는 비용이 발생한다. 부동산에는 양도세, 취득세, 법무사비, 공인중개비가 붙고, 주식에는 증권거래세와 수수료가 붙는다. 국내 주식은 양도세가 없지만 배당금에 대한 소득세가 있고, 해외 주식의 경우 매매차익에 대한 양도세와 배당금 소득세가 있다. 또한 연 2천만 원 이상의 수익이 있을 경우에는 금융종합소득세도 있기 때문에 이것도 분산 관리해야 한다.

그래서 부자들은 주식을 자주 사고 팔지 않고 정부의 정책에 귀를 기울이며 중과세를 피하기 위해 다양한 부동산에 투자한다. 또한 증여가 유리하다면 대를 건너 손자에게 하는 경우가 많다.

셋째, 남들이 관심 없을 때 시작한다. 운용사에서는 새로운 상품을 출시하면 고객을 확보하기 위해 세금 우대나 다른 우대를 적용한다. 또한 초기 시장에 제대로 안착하는 것이 무엇보다 중요하기 때문에 최대한 수익률을 관리한다. 그렇지 않으면 고객을 끌어들이기가 쉽지 않고, 자금을 유치하기 힘들어지기 때문이다. 최근 2017년 말까지 한시적으로 판매했던 해외비과세 펀드가 이것이다.

부동산 역시 시장이 뜨거울 때는 쉬고, 아무도 관심 없을 때 들어간다. 부동산에서 발을 빼야 할 때는 하락론을 주장하던 사람이 집을 사겠다고 말할 때다. 보통 사람들은 모멘텀에 뛰어들어 초반에 약간의 수익을 본 뒤 곤두박질치는 경우가 많다. 경기 순환이론을 이해하지 못한 채 한 치 앞을 볼 수 없는 상황에서 누군가의 말을 듣고 조급함에 '지르는' 경우가 대부분이기 때문이다. 대부분의 사람은 미분양에 발 담그면 큰일 나는 줄 알지만 부자는 알짜 미분양을 찾아 조용히 쓸어담는다.

넷째, 오래 보유한다. 오래 보유하는 이유는 비용과 수익의 문제다. 자주 팔고 사면 그에 따라 비용이 발생하기 때문에 불필요한 비용의 낭비를 줄이고, 사고 파는 의사결정을 위한 노력에 에너지를 소모하지 않는다.

예를 들어 주식 단타를 하는 사람은 하루 종일 컴퓨터 앞에 있거나 손에서 스마트폰을 놓지 못한다. 차라리 그 시간에 자기 일을 열심히 하는 게 투입 대비 성과가 나는 행동이다.

다섯째, 다른 사람을 신경 쓰지 않는다. 자기중심적이라 남들을 무시한다는 의미가 아니라 그저 개인주의인 경우가 많다. 끊임없이 남과 비교하는 사람 중에 부자를 본 적이 있는가? 부자는 다른 사람과 비교하지 않고 자신만의 자산 목표와 계획을 가지고 스스로 판단하며 투자한다.

여섯째, 단순하다. 모든 상황을 단순 명료하게 정리하는 능력이 있다. 그래서 시장의 소음에 흔들리지 않고 각양각색의 정보를 구분해 취사선택하고 버릴 줄 안다. 복잡함을 단순함으로 만드는 게 그들의 힘이다. 자산 포트폴리오를 조정할 때도 그들은 기준

과 원칙만 생각한다.

이렇게 부자의 6가지 투자법을 살펴보았다. 우리가 인생을 살아가며 단 한 명의 멘토만 만나도 보다 나은 인생을 살 수 있다. 내 주변에 이런 부자가 있는지 찾아보자. 학교 다닐 때 공부 잘하는 아이들이랑 어울리라는 부모님 말씀이 싫었겠지만, 사실 맞는 말이다.

부자가 되고 싶으면 부자의 행동을 보고 따라하자. 돈 있는 사람들과 이야기하면 에너지가 생기고, 돈 걱정만 하는 사람들과 이야기하면 기가 빠지는 느낌을 받는다. 가능하면 부자 친구를 사귀고, 그게 어렵다면 부자들이 사는 동네 근처로 이사가자.

장 여사님의 가계부

나는 엄마를 장 여사님이라고 부른다. 평생을 자식과 남편을 위해 살아오신 엄마를 존중한다는 의미에서일까? 아무튼 어린 시절 내 기억 속의 장 여사님은 매일 가계부를 쓰셨다.

꽃무늬 가득한 바탕에 복福이라는 한자가 금박으로 새겨져있고, 아래는 은행 이름이 찍혀 있는 표지였다. 펼쳐보면 0.5cm쯤 되는 잔잔한 칸 사이로 볼펜으로 꾹꾹 눌러 쓴 작은 숫자들과 간단한 단어들이 있었다. 그리고 페이지 아래 메모 칸에는 짤막한 그날의 일기가 적혀있었다. 내용은 '시장을 다녀오는 자전거 뒤에 앉은 막내가 뭐라 뭐라 노래를 부른다' 이런 장 여사님만의 육아 기록 등이었다. 그리고 책장 사이사이

꽂아진 공과금 고지서와 학원비 봉투로 가계부는 항상 배가 불러있었다.

엄마는 3명의 딸을 키우는 정신없는 와중에도 교육비와 주택마련 등을 목적으로 하루하루 작은 칸을 채웠다. 내용은 크게 없었다. 대부분 식재료들과 문방구에서 구입하던 준비물, 학원비 등이었다. 그 시절에는 보통 현금을 사용했었고 영수증도 보편화되어 있지 않았기 때문에 그날그날 적지 않으면 기억하지 못했을 것이다. 저녁상을 물리고 난 후 우리는 학교 숙제를 하고, 엄마는 한쪽에서 가계부를 쓰던 모습이 나의 어린 시절 우리 집의 저녁 풍경이었다.

장 여사님은 그렇게 아끼고 모은 돈으로 우리를 키워냈다. 그 시대를 살아오신 모든 어머니가 이런 모습이셨으리라 생각한다.

장 여사님은 내가 중학교에 들어가자 아파트 단지 내 작은 서예 학원에서 붓글씨를 배우기 시작했다. 딸들의 육아로 고단한 시기를 보냈을텐데 그 와중에도 장 여사님은 꿈을 향해 한걸음 내딛고 있었다. 그리고 몇 년 후 작은 서예학원을 차렸다. 그 작은 공간은 장 여사님만의 독립된 장소이자 꿈을 이루는 창고였다. 돈을 벌었다기보다 썼다는 표현이 더 어울릴 것 같다. 학원 주변의 어려운 중학생들을 돕고, 형편이 안 좋은 아이들은 그냥 가르치기도 했기 때문이다.

 가계부의 힘은 끝이 없다. 처음 가계부의 목적은 단지 아끼고 모으는 것이지만 자식들을 키워내고, 집안을 일구고, 본인의 꿈을 이루었으며, 결국에는 나누고 베푸는 데까지 다다랐다.

 그러한 인생을 옆에서 지켜본 나는 많은 것을 배웠다. 아끼고 절약하는 생활, 꾸준히 해내는 근성, 베풀며 덕을 쌓는 마음 등을 배웠다. 이렇게 나의 정신적 멘토가 되어준 장 여사님께 감사하고, 나 또한 이 소중한 정신적 유산을 딸에게 전달할 수 있도록 노력하려 한다.

한 달에 한 줄, 심플 가계부를 한 번 활용해보자.
가계부에 쓰는 에너지는 줄이고 절약은 습관화하자.
틀을 바꿔 심플하게, 꾸준히 관리함이 핵심이다.

한 번은 성공할 수 있다. 초보자의 행운처럼 우연히 산 주식이 대박을 칠 수 있고, 경매로 돈을 벌 수도 있다. 그러나 자본주의의 원리를 이해하지 못하고 시장의 페이스를 읽지 못한다면 한 번으로 끝날 공산이 크다. 장기적인 승리는 어떻게 만들 수 있을까? 바로 경제다. 어렵고 복잡한 경제를 pick&fit하자. '경제를 읽는 힘'을 축적해 돈을 불리는 틀과 룰로 활용할 수 있도록 하자.

4장

심플한 경제 공부로
내공을 축적하자

나만 몰랐다,
경제적 자유

금융이든 부동산이든 꾸준히 돈 나오는 시스템을 세팅한다는 점에서 중요한
가치가 있다.

대부분의 사람은 돈을 벌려고 애쓰지 않아도 되는 삶, 즉
자유로운 삶을 꿈꾼다. 그래서일까? 서점이나 재테크 카페
를 보면 '경제적 자유'라는 단어를 심심찮게 볼 수 있다. 누구나 꿈
꾸는 경제적 자유의 삶, 거기에 필수불가결한 조건이 붙는다면 그
건 '경제력'이다.

시중에 널리 알려진 경제적 자유는 부동산을 통해 월세를 받는
다는 개념이다. 돈을 모아서 전세로 하나씩 집을 산 뒤 보증금을
반환해서 월세로 돌리고 한 채, 두 채씩 늘려가는 방법을 이용한
다. 그렇게 직장에서 받는 월급 대신 집을 관리하며 받는 월세로
수입을 대체한다는 점에서 의미가 크다.

부동산이 아닌 금융으로도 경제적 자유는 가능하다. 그렇다면 자산규모가 얼마가 되어야 할까? 아무 일을 하지 않고 투자 수익으로만 생활한다고 가정했을 때 다음과 같다.

금융 자산으로 경제적 자유 얻기

10억 원의 순자산을 가진 사람이 거주 부동산으로 3억 원을 깔고, 7억 원의 금융 자산을 연간 수익률 8%로 투자한다면 연간 5,600만 원, 월 470만 원을 얻을 수 있다. 만약 15억 원 자산이라면 거주 부동산 3억 원, 금융자산 12억 원을 연간 5% 수익률로 투자하면 연간 6천만 원, 월 500만 원을 기대하는 것과 같다.

이렇듯 순자산에서 가능한 많은 부분을 금융 자산으로 운용하며 경제공부를 통해 보다 높은 수익을 낼 수 있도록 설계해야 한다. 이자와 배당금으로 매달 쓸 수 있는 수준의 돈을 시스템화해 두면 금융으로도 경제적 자유 상태를 이룰 수 있다.

금융이든 부동산이든 꾸준히 돈 나오는 시스템을 세팅한다는 점에서 중요한 가치가 있다. 2가지 경우의 특징을 제대로 파악하고 자신의 연령대, 투자성향과 소득 구조를 파악해 맞는 방향으로 가면 될 것이다.

금융자산과 월 수익

(단위: 백만 원, 세 포함)

순자산	거주 부동산	금융자산	연간수익률	연수익	월수익
1,000	300	700	2%	14	1.2
1,000	300	700	5%	35	2.9
1,000	300	700	8%	56	4.7
1,000	500	500	2%	10	0.8
1,000	500	500	5%	25	2.1
1,000	500	500	8%	40	3.3
1,500	300	1,200	2%	24	2
1,500	300	1,200	5%	60	5
1,500	300	1,200	8%	96	8
1,500	500	1,000	2%	20	1.7
1,500	500	1,000	5%	50	4.2
1,500	500	1,000	8%	80	6.7
2,000	300	1,700	2%	34	2.8
2,000	300	1,700	5%	85	7.1
2,000	300	1,700	8%	136	11.3
2,000	500	1,500	2%	30	2.5
2,000	500	1,500	5%	75	6.3
2,000	500	1,500	8%	120	10

*별색은 월수입 470만 원 이상

금융 vs. 부동산

	금융	부동산
수익원	예금·적금 이자, 주식, 출자금, 배당금	임대수입
수익률	2%, 3~9%	4%
세금	• 소득세 15.4% • 2천만 원 초과시 종합금융소득세 신고	• 소득세 15.4% (2019년부터 임대수입 2천만 원 이하도 과세) • 임대사업자 등록시 각종 혜택
비용	금융기관 수수료	공인중개사비, 취등록 법무사비, 인테리어비, 각종 수리비 외
위험 요인	주가 하락, 출자회사 파산	공실, 전세가·매매가 하락

숲을 먼저 보고 나무를 봐라

경제적 자유를 위해 사람들은 시간을 쪼개 재테크 책도 읽고, 유명한 강연도 찾아다니며 정보를 얻는다. 바쁜 일상에서 끊임없이 배워나간다는 것은 대단한 일이고 칭찬 받아야 마땅하다.

문제는 '경제'라는 숲을 배우지 못하고 '재테크'라는 나무만 열심히 공부하는 데 있다. 대부분의 강연자는 주식이면 주식, 아파트면 아파트, 상가면 상가, 경매면 경매 등 한 분야의 성공했던 경험을 바탕으로 강의를 하기 때문이다. 아파트가 폭락하면 갭투자 전문가는 자취를 감추고, 서점 매대에는 관련 도서가 사라지며 경매 전문가가 나타난다. 금융위기로 코스피가 급락하면 주식 전문가도 조용해지고, 은행 예찬론자가 나타난다.

때문에 자신만의 포트폴리오를 만들어놓고 경기 흐름과 정부 정책을 좇으며 자산을 이리저리 이전시킬 수 있어야 한다. 즉 트렌드에 휩쓸리기보다는 경기 흐름이 왜 그렇게 되었고, 앞으로 어떤 방향으로 흘러갈지 예측해보며 대응할 수 있어야 한다. 그래야 소중한 자산을 잃지 않고 지켜낼 수 있다.

사람들은 큰 경제의 흐름과 원리를 깨우치지 못한 채로 많은 비용을 들여 재테크 강의를 듣는다. '1천만 원 강연 듣고 경매로 좋은 물건을 잡아서 5천만 원 벌면 이득'이라는 논리로 접근한다면 괜찮은 투자 같다. 하지만 '초심자의 행운'이라는 말을 들어본 적이 있다면 주의해야 한다. 한두 번은 어찌어찌 흐름에 잘 맞아 성공할 수 있지만 장기적으로는 실패할 확률이 크다. 이런 초보자가 부동산 중개업소에 들어가 자주 듣는 말들을 꼽아봤다.

"지방에서 여사님들이 관광버스를 타고 와서 오늘도 몇 채씩 계약하고 갔어요."

"아파트 리모델링이 되면 21평이 29평이 되구요, 방 3개에 화장실 2개로 바뀔 거에요."

"30년 넘으면 재건축이 되니까 계단식 상승이 있을 거에요. 지금 바로 잡으세요."

"신축빌라인데 주변 같은 평수 아파트보다 반값 밖에 안해요."

입지가 안 좋음에도 오래된 아파트는 재건축이나 리모델링이 기대된다면, 소형 아파트는 큰손들이 와서 투자한 곳이라며, 빌라는 저렴 하다며 지금 계약하지 않으면 큰일이 날 것처럼 말한다. 만약 자신의 지식과 경험이 미비하다면 그들이 제안이 달콤한 미래를 안겨줄 것만 같은 확신이 들 것이다.

그러나 부동산 사람들이 다 전문가도 아니고, 그들도 임대료, 인건비, 세금을 내야 하는 일반 자영업자다. 부동산 중개업자들은 '거래 성사'에 따른 수수료가 목적이라 계약에 사활을 건다. 그러니 초보자는 솔깃한 영업 멘트에 넘어가지 않을 수 없다. 딱히 틀린 말도 아니지만 확정되지 않은 사항을 믿는 것도 잘못이다. 그런 부분은 스스로가 걸러 들어야 하는데, 아무런 지식이 없다면 넘어가기 딱 좋은 일명 '호갱'이 바로 내가 되는 것이다.

부동산 말고 금융 쪽에서도 마찬가지다. 광풍을 불러 일으켰던

2007년 M운용사의 인사이트 펀드를 떠올려보자.

"이 펀드는 수익이 있는 곳이면 국가, 종목 상관없이 어디든 투자하는 펀드래요. 지금 이거 안 들면 안 된대요."

실제로 우리 팀 직원 한 명이 다른 회사에 다니는 남자친구 사무실에서도 전부 가입했다며 특별한 정보를 알려주듯 우리에게 흘리자 부서 사람들 모두 이 펀드 때문에 예금을 해지했던 기억이 있다. 최소 가입금액이 1천만 원이었음에도 출시 1달이 되기도 전에 4조 원이 모일 정도로 엄청난 열풍이었다. 그 후 2008년 금융위기가 닥쳤고 수익률은 그 다음 해 -56.5%를 찍었다. 약 7년이 흐른 후 원금은 회복했다고 하지만 대부분 그전에 손절하고 말았다.

아파트가 폭락해 고생했던 사람, 펀드가 반 토막 나서 손해를 본 사람, 주식으로 재산을 날린 사람이 주변에 한둘은 분명히 있다. 그들은 그 이후로 재테크는 안한다. 돈을 잃었던 트라우마로 영원히 '돈을 불리는 것은 위험해'라며 재테크와 이별을 고했다.

이러한 사달이 난 근본적인 이유는 앞서 말했듯이 기본적인 경제 원리를 모르는 채로 유행을 좇거나 감각만으로 투자를 하는 행동 때문이다. 1~2년 단기간 투자하고 이익을 내면 돈을 찾아서 산속으로 들어갈 것도 아니고, 40년 이상 투자하며 노후까지 준비해야 하는 상황에서 숲을 보지 못한 채로 나무만 본다는 것은 위험하다. 그래서 젊을수록 경제공부와 지속 가능한 투자 습관의 체득화가 제일 중요하다고 말하고 싶다.

경제학을
pick&fit 하라

경제 공부의 핵심은 수요와 공급, 가격 결정, 인플레이션, 금리와 환율, 경제 순환이다. 이렇게 5가지만으로 경제 공부는 완성이다!

 대학생 시절 기숙사 룸메이트 K는 경제학과 학생이었다. 책상에 꽂혀있던 거시 경제학, 미시 경제학, 경제학 원론 등의 두꺼운 책들이 주는 중압감 때문일까? 의류를 전공하느라 그림이랑 사진만 있는 책을 보는 내게 빽빽한 숫자와 그래프가 가득한 경제 전공서는 너무 어려운 책이었다.

2권만 엎어놓으면 베개로 써도 무관할 두께였다. 들고 다니면 아령 대신 운동하기 딱 좋은 무게였으며, 라면 받침대로 쓰기에 높이도 적당했다. 그래서일까? 사회 과학의 한 분야인 경제학은 수학과 통계에 능숙한 문과 아이들이 공부하는 학문인 것으로 그 당시 생각했었다.

보통 사람들의 경제학

'친구 따라 강남 간다'는 말처럼 나는 K와 시험공부를 같이하며 자연스럽게 다양한 경제 용어들을 접할 수 있었다. K는 경제학도답게 늘 거시적으로 상황을 판단했다.

나는 K를 통해 주식이나 아파트 투자는 물론 아이들 교육이나 장바구니 물가까지 살아가는 모든 생활이 경제 그 자체임을 알 수 있었다. 20년이 지난 지금까지도 K는 내가 경제적 사고를 할 수 있도록 도움을 주는 경제 멘토다. K 같은 친구가 있어서 지금의 나도 있다고 확신한다.

사람들이 흔히 '경제학' 하면 떠오르는 생각들은 어떤 것이 있을까? 사람들은 대부분 거시적인 것들을 먼저 생각한다. 기획재정부 장관이 금리, 일자리, 경제 개혁 등의 정책을 내어놓는 것처럼 말이다.

따라서 사람들은 나라 경제는 기획재정부에서 알아서 하는 것이고, 우리같이 평범한 사람들은 그저 부지런히 일하고 열심히 저축하면 되는 줄만 안다. 시장 경제는 '보이지 않는 손'이 알아서 조정할 것이고, 땀 흘려 번 내 월급은 어디서 왔다가 어디로 사라지는지 알 수가 없어 한탄만 하고 별로 궁금하지 않은 채로 살아간다.

경제 공부의 현실

경제학은 생애 꼭 필요한 교육임이 틀림없지만 어쩌다 듣게 되는 경제 강의는 보험사나 은행 주관이 대부분이다. 주된 내용은 불안한 노후를 위해 지금부터 고액의 상품에 들어야 한다는 기승전 '금융상품' 소개로 마무리된다. 게다가 개인별 재무 설계를 해주겠다는 명목으로 연락처를 받아가 상품 소개만 열심히 받았을 수도 있다.

이렇듯 우리 인생에서 필요한 '실제' 경제 교육을 받은 적은 없다. 그래서일까? 경제협력개발기구^{OECD}가 2년마다 측정하는 '금융 이해력조사'에서 한국은 100점 만점에 66.2점으로 17개 회원국 중 9위였다. 특히 20대는 60대보다 못한 금융지식을 가지고 있어 금융 교육이 시급함을 보여주었다(조사 기간 2016.9~11, 전국 1820가구 성인 만 18~79세 대상).

"문맹은 생활을 불편하게 하지만 금융 문맹은 생존을 불가능하게 만들기 때문에 문맹보다 더 무섭다." 미연방준비제도 이사회 의장이었던 앨런 그린스펀^{Alan Greenspan}이 한 말이다.

우리도 1997년 IMF와 2008년 금융위기를 겪으면서 경제와 금융이 생활에서 차지하는 비중이 높다는 것을 알며, 금융 교육의 중요성을 날로 강조하고 있는 상황이다. 부자가 되고 싶다면 무엇보다 먼저 경제에 대해 공부해야 한다.

탈모가 진행중인 사람에게 가장 첫 번째로 해주는 처방이 무엇인지 아는가? 바로 두피 관리다. 척박한 토양에서는 나무가 자랄 수 없듯이 머리카락도 튼튼하게 자라나길 원한다면 모근 강화 스프레이를 뿌리고, 두피에 영양제도 바르고, 마사지를 통해 혈액순환을 좋게 해주는 게 먼저다. 스스로 경제 공부를 시작하고 내공을 축적한다면 돈 걱정에서 벗어나 편안한 상태에 이를 수 있다.

인생은 길다. 꾸준히 노력해야 할 장기 레이스다. 경제 공부를 하는 이유는 인생의 레이스에서 끝까지 살아남을 체력을 기르기 위함이다. 더불어 찬스가 왔을 때 잡을 수 있는 순간몰입도와 자산 손실에도 이겨낼 수 있는 회복력도 키울 수 있다.

경제학을 Pick하라. 그리고 내 몸에 맞게 Fit하자. 수많은 그래프와 복잡한 용어의 경제학 원서를 모두 외울 필요는 없다. *내 삶에 필요한 경제학의 원리만 골라내고, 내 몸에 맞게 만들어보자. 경제 공부의 핵심은 수요와 공급, 가격 결정, 인플레이션, 금리와 환율, 경제 순환이다. 이렇게 5가지만으로 엄마들의 경제 공부는 완성이다!*

심플한 경제 공부①
수요와 공급

내재가치를 파악하는 안목이 필요하다. 가격 뒤의 진실을 읽을 수 있어야 좋은 물건을 싸게 살 수 있고, 저평가된 상품을 찾아낼 수 있다.

 수요는 물건을 사고자 하는 욕구이고, 공급은 팔려는 욕구다. 각자가 이익을 극대화하려는 방향으로 움직이지만 가격은 결국 시장에서 정해진다.

이러한 수요와 공급의 기본 법칙은 단순하다. 수요가 많으면 가격이 올라가고, 수요가 적으면 가격은 내려간다. 반대로 공급이 많으면 가격이 내려가고, 공급이 적으면 가격은 오른다. 따라서 상인들은 수급(수요와 공급)을 조절하며 일정한 가격대를 유지하려고 한다.

일반적인 수요공급의 원칙을 벗어나는 경우도 있다. 상품을 공급하는 곳이 한 군데 또는 몇 군데 되지 않는 독과점의 경우, 공급

쪽에서 가격을 일방적으로 결정한다. 또한 무리한 가격 상승을 막기 위해 공정거래위원회가 주기적으로 가격 동향을 파악하고 법률에 따라 관리한다.

이 모든 수요를 움직이는 것은 사람들이 생각하는 가치 때문이다. 가격보다 가치가 크다면 그 차이를 메우기 위해 가격은 반드시 상승하고, 가격 대비 가치가 떨어진다면 가격도 떨어진다. 즉 내재가치를 파악하는 안목이 필요하다. 가격 뒤의 진실을 읽을 수 있어야 좋은 물건을 싸게 살 수 있고, 저평가된 상품을 찾아낼 수 있다.

여기서 우리가 투자하면서 만나는 수요공급의 상황과 일상에서 발견할 수 있는 사례를 중심으로 몇 가지 확인해보자.

수요공급 Q&A(투자 편)

Q. 왜 강남 부동산은 가격이 비싸고, 전원주택은 쌀까?

강남은 다른 지역에 비해 절대적으로 기업이 많고, 경부선을 축으로 판교·분당·수원·화성 지역으로 전기, 전자, 제4차 산업 등 양질의 기업들이 많다. 또한 수서 SRT를 통해 전국으로 이동이 편리한 철도 교통망까지 갖추고 있다. 따라서 출퇴근에 용이하며, 강남 개발 당시 강북에서 옮겨온 명문고들이 자리 잡아 학군이 좋고, 자연스럽게 학원가가 발달했다. 한정된 땅에 많은 사람이 살고 싶어 하는 요건을 모두 갖추었다. 그래서 가격이 점차 오를 수밖에 없다. 그에 반해 전원주택은 건물이나 인테리어가 우수하고 공기가 좋은 장점이 있으나 학교나 쇼핑시설, 출퇴근이 불편하기 때문에 수요가 적다. 전원주택에 살고 싶어 하는 사람은 노후를 즐기거나 마당 있는 집에서 아이들을 키우고 싶어 하는 사람, 출퇴근이 필요 없는 직종에 근무하는 사람 정도로 그 수요가 한정적이다. 그래서 특히 각종 부동산 규제가 심해질수록, 경기가 나쁠수록 안전한 자산에 묻어두고 싶어 하는 사람의 심리 때문에 강남은 수요가 지속적으로 몰린다.

Q. 역세권은 왜 매매나 월세가 다 비쌀까?

시간은 돈이다. 때문에 사람들은 지하철 역세권(역에서 500m 안)에 거주하려고 하며 수요가 많다. 예전에 비해 광역철도 등 서울로 진입하는 철도 노선이 증가했고, 출퇴근 직장인들이 서울에서 경기도로 이주하는 수요가 높아져 동탄·판교·파주 역세권 아파트가격이 상승했다. 만약 집을 매수하려면 역세권이 수익을 얻기에 좋고, 월세로 산다면 역에서 좀 멀더라도 저렴한 곳에 얻는 게 낫다.

Q. 미국 아마존 주식은 왜 그렇게 비쌀까요?

주식을 평가하는 지표로는 현재의 매출이 중요하지만 매수의 주요 조건 중 하나는 향후 성장 가능성이다. 아마존은 유통뿐만 아니라 다각적 산업으로 진출 영역을 넓혀가고 있기 때문에 가능성이 무한하다. 그러므로 아마존 주식을 소유하기 원하는 사람들이 많아짐으로써 가격이 올라가도 거래가 성사된다. 주로 PER^{Price earning ratio; 주가수익비율}을 통해 수익대비 주가가 저평가인지 확인할 수 있다. 미국 기술주의 대표주자인 FAANG의 PER를 보자면 페이스북 23.8배, 아마존 139.7배, 애플 19.8배, 넷플릭스 118.7배, 구글 47.3배이다. 우리나라의 삼성전자 7.3배, SK하이닉스 4.7배(2018.10.19 기준)와 비교했을 때 상당히 높은 편임을 알 수 있다. 그만큼 글로벌 자금이 미국 기술주의에 대한 기대로 수요가 증가해 주가가 올라갔다.

Q. 왜 금리가 오르면 채권의 가격이 떨어질까?

채권은 타인에게 양도할 수 있는 차용증이다. 만기가 되면 표면금리 이자를 확정적으로 받을 수 있는 '고정금리 예금'이고, 동시에 시세차익을 보고 내다팔 수 있는 '가격 변동 주식'의 특성을 둘 다 가지고 있다. 채권을 이렇게 생각하면 이해하기 쉽다.

전봇대에 붙어 있는 과외 전단지를 떠올려보자. 오징어 다리처럼 가윗밥을 주어 연락처를 뗄 수 있게 생겼다. 오징어 다리 부분이 쿠폰이고, 이것을 약속된 날짜에 채무자에게 갖고 가면 이자를 준다. 다음 약속된 날짜에 다른 쿠폰을 또 떼어 가면 이자를 준다. 이렇게 이자를 받다가 쿠폰(오징어 다리)이 남아있는 채권(전단지)을 다른 사람에게 팔 수도 있다. 그 채권을 산 사람은 다음 약속 일자에 가서 채무자에게 이자를 받고, 마지막에는 전단지 전체인 원금을 수령 받을 수 있다. 그런데 채권의 표면금리보다 시중금리가 높아지면 그 시점에 새로 발행되는 채권의 표면금리가 이전의 채권들보다 높을 수밖에 없다. 따라서 내가 가지고 있던 채권은 시장에서 매력을 잃는다. 즉 내 채권을 사고자 하는 수요가 떨어지고 채권 가격은 하락한다.

수요공급 Q&A(생활 편)

Q. 영화관은 왜 요일과 시간에 따라 가격이 다를까?

조조할인은 제일 처음 상영하는 영화티켓 요금을 할인해주는 혜택이다. 아침부터 영화를 보러오는 사람이 없기 때문에 가격을 낮춤으로써 새로운 수요를 창출하려 함이 목적이다. 반대로 주말은 영화를 보려는 수요가 많기 때문에 높은 티켓으로 가격이 형성된다.

Q. 연휴에 해외여행 가려는데 호텔비가 너무 왜 그리 비싼 걸까?

연휴에 여행을 가려는 사람이 많기 때문에 평소보다 2배 가까이 숙박비를 올려도 완판이 가능하다. 통상 수개월 전에는 타 호텔과의 경쟁으로 성수기 요금에 할인을 적용해서 선* 고객 확보에 나서지만, 선 고객이 취소를 해도 성수기 요금으로 다른 고객에게 팔 수 있기 때문에 위약금을 요구하지 않는 경우도 있다.

Q. 새로운 스마트폰이 출시되면 왜 이전 모델은 할인을 해주나?

스마트폰은 생활필수품으로 기능과 디자인 유행에 민감하다. 사람들의 관심이 많은 아이템이기 때문에 냉장고나 세탁기에 비해 개발도 빠르고, 신규 상품도 즉각 출시된다. 출시를 기다렸다가 먼저 선취하려는 프로슈머prosumer라는 대기수요층이 생성되어 있을 정도다. 같은 가격이면 신제품을 고르지 누가 이전 제품을 사겠는가? 재고 소진 차원에서 이전 모델은 할인에 들어간다.

Q. 마트에서는 왜 오후 5시부터 식품류 세일에 돌입하나?

신선 식품의 경우 유통기간이 짧다. 그날 만든 수량이나 생선, 육류 등 입고량보다 구매량이 적었을 경우 가격을 낮춰서 고객의 수요를 유도하려는 전략이다. 특히 퇴근길에 들러 저녁 찬거리를 사려는 엄마들이나 1인 가구들을 공략하기 위해 소량 포장 제품들이 진열장 위를 차지한다. 다음날까지 팔리지 않으면 폐기해야 해 원가마저 건질 수 없기 때문에 저녁 시간 마트는 각 코너마다 치열하게 경쟁을 한다.

수요를 예측하면 투자는 성공한다

수요와 공급의 원리를 학습했으니 앞으로의 수요를 예측해보자. 숨겨진 가치가 아직 사람들에게 발견되지 못했다면, 분명 먼저 찾는 자가 수익을 얻는다.

앞으로 우리가 만날 수많은 상황을 경제적 사고로 생각해보며 가치Value가 가격Price보다 큰 것을 고르는 안목을 키우자. 예전에는 선택지가 하나였다면, 지금은 무수히 많다. 다양한 사례를 바탕으로 복합적 경험을 하다보면 안목은 높아져 있으리라.

첫째, 남들도 갖고 싶어 하는 집을 사라. 즉 조금 비싸더라도 남들도 갖고 싶어 하는 집을 사는 게 좋다. 아파트의 RR(로얄동·로얄층)이 비싸더라도 거래가 쉬운 이유다. 가장 최고의 경우는 내가 살 때는 주거환경이나 교통이 좋지 않아 저렴하게 샀는데 훗날 주변이 개발되어 주택 수요가 늘어난 경우다. 매도자 우위의 시장이 되면 비싸게 팔 수 있다.

둘째, 빌라보다 아파트가 낫다. 동일 환경이라면 아파트가 빌라보다 비싸다. 아파트는 관리가 쉽고, 단지 내 편의시설이 좋으며, 손님이 찾아오기도 좋은 반면에 빌라는 주차가 힘들고, 방범에 취약하며, 놀이터 등 커뮤니티 환경이 좋지 않다(성격이 다른 고급 빌라는 제외한다). 그래서 빌라는 가격이 잘 오르지 않고, 아파트는 꾸준히 수요가 높아 가격상승에 유리하다.

셋째, 신도시에도 등급이 있다. 최근 정부는 3기 신도시를 짓겠다고 발표했다. 정부 주도의 택지개발로 특정 지역에 아파트가 많아진다. 공급을 확대해 집값을 잡겠다는 게 정부의 목적이다. 여기서 확인할 것 역시 수요와 공급의 원리다. 서울과 거리가 멀고 산업단지나 교통망이 함께 개발되지 않는다면 직주근접(직장과 주

거가 가까운 것을 말한다)이 어려워 미분양 우려가 있다. 반대로 서울과 가깝게 개발된 신도시에 대형 쇼핑몰과 편의시설과 학군이 조성된다면 전입 수요가 많아진다.

넷째, 소형 오피스텔을 눈여겨보자. 지하철역 근방이고 대형 쇼핑몰과 극장 등 편의시설이 좋은 곳의 소형 오피스텔을 눈여겨보자. 1인 가구나 신혼부부가 살기에 좋다면 월세 투자처로 적격이다. 근처 노후화된 대형 아파트가 많으면 자금력 있는 중장년층의 투자 수요가 높다.

다섯째, 지역 어린이집이나 학원이 문을 닫는다면, 젊은 사람들이 줄어들고 거주 연령대가 높아진다는 증거다. 젊은 사람들이 소비가 많기 때문에 상권이 침체될 수 있고, 장기적으로 주택구매 수요도 줄어든다.

여섯째, 제4차 산업혁명에 주목하자. 국내 산업이 제조업에서 제4차 산업으로 넘어가는 과정이다. 향후 늘어날 매출과 일자리를 고려한다면 제4차 산업과 관련된 회사의 주식을 사고, 그런 회사가 있는 지역의 부동산을 매입하자.

일곱째, 1인 가구 증가에 주목하자. 1인 가구 증가에 따라 가정용 간편식, 혼술 안주 등의 시장이 커져가고 있다. 동시에 소형평수 아파트와 오피스텔 투자가 증가했으며, 최근에는 쉐어하우스 사업도 점차 괄목할 성장을 하고 있다. 주식 역시 간편식 시장에 진출하는 기업을 주목하는 게 좋다.

여덟째, 워라밸 기업문화에 주목하자. 주 52시간 시대의 워라밸

기업문화가 점차 정착될 전망이다. 야근이나 회식으로 늦게 귀가하는 사람들이 줄고 있으며 종로, 강남, 가로수길 등 도심 오피스와 상가의 공실률이 높아지고 있다. 앞으로는 주거지의 대형 쇼핑몰이나 상가 물건의 전망이 좋아질 것이다.

심플한 경제 공부②
가격 생성의 메커니즘

가격 생성의 메커니즘은 매우 단순하다. 본래 모습에서 멀어질수록, 누군가의
손을 많이 거칠수록 가격은 불어난다.

  가격은 어떻게 결정되는 것일까? 제품이나 서비스의 가격
을 정할 때는 원가, 경쟁사 가격, 소비자의 수요 강도를 기
준으로 한다. 물론 이렇게 정한 가격이 반드시 옳다고 할 수는 없
다. 고객은 원가 정보를 모르는 채 '싸다 혹은 비싸다'를 느끼며 구
매를 결정하기 때문이다. 좀 비싸서 탐탁지 않지만 '그럴만한 이
유가 있겠지' 하거나 '이거 아니면 안 되는데' 하며 감정에 이끌려
나도 모르게 지갑을 열고 있는 경우도 허다하다. 반대로 '말도 안
되는 가격이야'라며 그냥 자리를 떠나버리기도 한다.

 어려울 것 같지만 막상 꼼꼼히 따져보면 가격 생성의 메커니즘은
매우 단순하다. 본래 모습에서 멀어질수록 누군가의 손을 많이 거칠

수록 *가격은 불어난다.* 즉 상품이 거쳐갔던 이해관계자들마다 자신의 분량만큼을 더해야 비로소 태그에 가격이 찍힌다는 의미다. '예쁨'과 '편리'는 가격에 붙어있고, 우리는 여러 가지 이유로 이것을 소비한다.

예쁨과 편리가 만든 가격

예쁨과 편리를 만드는 요소들은 다음과 같다.

첫째, '예쁨'을 만드는 양대 요소는 포장과 광고다.

포장부터 살펴보자. 시장에 무더기로 쌓아놓은 대파 1단의 가격은 1천 원이다. 반면 백화점 신선코너에 세척하고 보기 좋게 잘라놓은 지퍼백 포장 상품은 적은 양임에도 4천 원이 넘는다. 같은 백화점 내에서도 가격은 다르다. 노란 노끈에 묶여 있는 굴비는 5만 원이고, 고급스런 공단이 깔린 사각 상자에 차곡차곡 꽂혀 있는 굴비는 20만 원이 훌쩍 넘어간다. 이런 모습들이 바로 포장의 함정이다.

화장품도 다르지 않다. 로드샵에서 파는 에센스는 플라스틱 병에 담아 1만 원이고, 수입 브랜드의 고급 에센스는 멋진 유리병에 담겨 10만 원대 가격이다. 화장품은 내용물보다 용기 가격이 더 비싸기로 유명하다. 특히 수입 화장품은 판매 가격에서 원가 비중은 10%도 안 된다.

광고도 마찬가지다. 제조사에서 새로운 수요를 창출하고 고객의 충성도를 높이기 위해 본래 가치에 허상을 더하거나 소비자의 결핍을 부추겨 소비를 끌어낸다. 드라마에서 남자 주인공이 파란색 수입 SUV를 타고 나온다. 여자 친구와 드라이브를 가기도 하고, 출퇴근하는 모습도 계속 보인다. 심지어 극중에서 그는 부유한 집안도 아닌데 오피스텔 월세로 살며 소득 수준보다 높은 자동차를 소유하고 있다. 드라마가 끝남과 동시에 그 자동차 광고가 나오는데 시청자들을 헷갈리기 시작한다. '남자 주인공도 평범한 직장인인데 저 비싼 차를 끌고 다니네. 나도 저 정도는 타도 되지 않을까?' 그런 생각에 모아뒀던 종잣돈을 깨거나 할부로 동일 모델의 차를 산다.

프랑스 철학자 장 보드리야르Jean Baudrillard는 『소비의 사회La societe de consommation』에서 말했다. '사람들이 소비하는 것은 생산물이 아니라 기호라고 한다. 인간의 물건에 대한 욕구는 한계가 있으나 기호는 무한이다. 이러한 점을 간파해 상품을 제작하고 계속 구매를 유도한다.' 기호는 가격과 상관없는 선택을 하게 한다. 광고 또한 이러한 사람들의 심리를 이용한다.

둘째, '편리'는 기능과 유통이 좌우한다.

기능부터 살펴보자. 최근 나오는 냉장고는 문에 모니터가 있어 레시피도 알려주고, 속에 있는 재료의 신선도와 수량도 체크해준다. 날씨나 스케줄을 화면에서 확인할 수 있어 매우 유용하다. 그뿐인가. 무선으로 청소할 수 있는 진공청소기, 옷에 붙어 있는 미세먼지 제거와 살균을 해주는 의류관리기, 피부를 재생시켜준다는 LED 마스크 등 새로운 기능을 갖춘 제품들이 프리미엄 시장에 속속 등장하고 있다. 이런 제품들은 편리하며 매우 비싸다.

유통은 어떠한가. 산지에서 멀어질수록 소비자에 가까울수록 가격은 올라간다. 바닷가에 여행가면 횟값이 도시보다 싸고 신선하다. 옷도 동대문 시장에서 사면 쇼핑몰 가격보다 저렴하다. 일반 음식점의 경우도 생각해보자. 테이크 아웃하면 정가보다 20% 정도 할인해주고, 배달대행업체를 통해 받으면 수수료 2천 원을 더 내야 한다. 몇몇의 사람 손을 거쳐올수록, 내 집에 가까이 올수록 가격은 그 수고비만큼 더 비싸진다.

예쁘고 편리할수록 의심을 했어야 하는데, 껍데기는 버리고 본질만 얻었어야 했다. 그런데 당신은 어떻게 하고 있는가?

알맹이와 껍데기

우리가 일상 속에서 자주 만나는 지출 상황의 알맹이과 껍데기를 구분해보도록 하자. 엄마라면 가장 많은 갈등하는 쇼핑과 학원비를 예로 들어 쉽게 설명해보겠다.

사례 1
백화점 쇼윈도에 브랜드 원피스가 있다. 소비자가는 100만 원이라고 하자. 백화점이라는 유통 채널 특성상 고가의 제품이 있어도 그리 낯설지 않을 것이다. 더군다나 패션은 감성 소비이기 때문에 100만 원짜리 옷에 그만한 가치를 느끼는 소비자는 분명 있다. 하지만 충동적인 마음에 옷을 구매했을 경우, 우리는 그 돈의 기회비용을 잃는 것과 마찬가지다.

이 원피스의 가격 구성을 유심히 살펴보자. 대부분 생산 원가, 브랜드 운영비, 백화점 수수료, 매장 인건비 및 운영비, 제조사 마진이다. 여기서 옷의 본질인 생산 원가는 20~30%이고, 나머지는 옷이 내 손까지 오는 경로에 상주하는 사람들의 인건비와 임대료 등이다.

사례 2

중고등학생 사교육비도 만만치 않다. 자녀를 학원에 보낼 때도 비용 대비 수익을 철저히 계산해봐야 한다. 학원을 보내고 효과가 없다면 '비용'이고, 효과가 있다면 '투자'라고 볼 수 있다. 여기서는 '비용'이라 생각하고 가격 구성을 알아보자.

학원비를 구성하는 요소는 다음과 같다. 강사비와 교재비(강사가 직접 제작했을 경우)이고, 시설유지비, 관리비, 임차료, 학원 운영비, 나머지는 원장이 가져가는 마진이다.

여기서 본질은 강사비와 교재비로 전체 비중의 40~50%뿐이다. 학원 전기세 내주러 다니는 아이가 내 아이일 수 있고, 학원 원장 노후를 위해 내 노후를 포기하는 부모가 나일 수 있다. 무엇보다 그렇게 자란 아이가 나중에 노후 준비되지 않은 부모를 힘겹게 여기며 "언제 내가 학원 보내 달랬어?"라고 따지는 날이 올 수도 있다는 게 최고의 비극이다.

그래서 더욱 알맹이에만 집중하고 부대비용을 줄여야 한다. 게다가 이렇게 경제적 사고를 하는 습관이 들었다면 시간도 아낄 수 있어 일석이조다. 주말에 차 막히는 백화점을 간다거나 매일 학원을 오가며 소비하는 시간이 너무 아깝지 않은가? 감정에 혹해서 샀던 옷들 역시 몇 년 뒤 옷장에서 발견하며 처분할 때를 떠올려보자. 구입가 대비 지속적으로 떨어지는 제품의 가치를 생각한다면 정말 아깝다. 그리고 자녀 학원도 마찬가지다.

학원 보낼 돈으로 자기주도 학습을 시키고 10년 장기 펀드나 주식을 사둔다면? 아이가 필요할 때 훨씬 의미 있는 투자를 할 수 있다. '시간이 돈'이라는 말의 의미를 기억하자.

생활 속 경제적 사고 실천

위에서 설명한 가격의 메커니즘을 제대로 이해했다면 실생활에 바로 적용해보자. '아는 만큼 보인다'라는 말처럼 미처 몰라서 실천하지 못했던 일들이 두루 있을 것이다. 둘러보면 우리 생활 속에서 접목할 수 있는 다양한 사례들이 도처에 많이 있음을 설명해보려 한다.

여행을 가면 시장에 들리자

시장은 상품의 민낯을 보기 가장 적합한 곳이다. 별다른 포장이 없다. 수북이 쌓아놓고 가격이 마음에 들면 거래가 이뤄진다. 게다가 중간 유통마진이 없으니 훨씬 저렴하다. 흥정은 재미고, 덤은 정이다. 특히 아이들과의 여행을 좋아한다면 반드시 시장에 가보자. 관광객을 위한 천편일률적인 메뉴로 된 먹거리 부분은 지나치고, 그 지방의 특성이 보이는 곳에 오래 머물러보자. 특산물이 뭔지 알 수 있을 뿐더러 싸게 구입할 수도 있다.

과일은 트럭이 좋다

주변에서 과일전문점을 본 적이 있는가? 대개 한 위치에서 임대료를 내고 지역의 유동인구만 대상으로 장사하기에 과일은 수지가 안 맞는 상품이다. 주변에 과일전문점이 있다면 살펴보자. 과일은 신선도가 무척 중요하기에 회전률이 빨라야 하는데 국내 과일로는 다소 어렵다. 그래서 보통 오래 보관할 수 있는 수입과일 위주이고, 주스나 샐러드 상품을 개발해 판매하기도 한다. 반면 트럭에서 파는 과일은 도매시장에서 떼어온 신선한 제품으로 선도가 좋다. 요일별로 몇 군데를 정해놓고 이동하며 판매한다. 이미 소비자들도 그 가격과 상품에 만족하기 때문에 기다렸다가 트럭이 오면 구입하는 경우가 많다.

마트 PB 의류를 구입한다

마트 PB[Private Brand; 유통업체 자체 제작 상품 브랜드] 의류를 구입하는 것도 좋다. 마트는 전국 주요 거점도시와 지역에 대부분 있다. 마트 의류는 유행하는 디자인이나 고가의 소재를 쓰지 않아 필수 소비재와 거의 동일하다. 대부분 대량으로 생산하기에 원가가 싸고, 유통마진이 거의 없다. 좋은 점은 장보러 마트에 들렀다가 한두 개씩 구매해 올 수 있으니 시간 또한 절약된다는 것이다. 1년 단위로 옷을 구매해야 하는 성장기 아이들이나 기본 스타일 비중이 높은 남성복의 경우 마트는 비교우위에 있다.

운동시설은 저렴한 곳을 찾자

새로 오픈한 헬스장이나 요가, 필라테스가 있다면 잘 관찰해보자. 시설 투자비가 만만치 않았을 것이다. 사장은 투자비용을 빨리 회수하고 안정적으로 운영하기 위해 연간 회원 등록을 유도한다. 그러나 연간 회원증은 가격이 비싸고, 환불이 쉽지 않다. 좋은 환경에서 운동하는 것이 목적이라면 그 비용을 감당해야 하지만, 단지 운동의 본질인 건강함을 목적으로 한다면 좀더 저렴한 것을 추천한다. 오픈한지 오래된 저렴한 헬스장이나 공립 스포츠센터를 이용해도 좋다. 요즈음은 시간과 장소에 구애받지 않고 집에서 동영상을 보며 운동하는 이른바 '홈트(홈트레이닝)'도 효과가 검증되고 있다.

홈 쿡(Home Cook), 이렇게 해보자

혼자 밥을 해먹는 데 재료비가 더 많이 드는 경우가 많다는 푸념 아닌 푸념을 들어본 적이 있다. 일주일치 반찬, 주말 아침 브런치 등은 간단히 만들어보자. 어렵다면 간편가정식의 도움을 받는 것도 추천한다. 쉽고 빨리 만들 수 있는 자신만의 레시피를 가지고 있는 것도 큰 장점이다. 또는 요즘은 유튜브나 웹툰으로 혼자서 간단히 음식을 만드는 방법도 많이 공유되고 있다. 반찬과 요리를 만들기 위한 다양한 재료들을 비축하고 있는 게 아니기 때문에 실정에 맞게 만드는 것이 좋다. 아무래도 외식을 하게 되면 음식재료비 외 임대료와 인건비, 인테리어비, 광고비 등도 함께 지불하게 된다는 걸 잊지 말자.

상품을 볼 때 알맹이가 무엇인지 항상 먼저 생각하자. 그렇지 않고 지갑을 연다면 자연스레 과잉소비로 이어져 저축할 수 있는 돈이 줄어든다. 또한 소비가 지나치면 만족도가 떨어진다. 이를 한계효용체감의 법칙이라고 한다. 재화나 서비스를 이용하는 양이 증가하더라도 만족을 느끼는 강도는 줄어든다는 것이다.

'가난한 사람처럼 먹고 생각은 풍요롭게 하라'는 유대인 속담을 기억하며, 경제적 사고를 통한 현명한 소비생활을 이어나갈 수 있도록 하자.

심플한 경제공부③
인플레이션

인플레이션은 소리 없는 도둑이며 해변의 모래성과도 같다. 모래성이 파도에
쓸려 아래 부분부터 조금씩 사라져가는 것과 마찬가지다.

매년 7월이면 최저임금위원회는 다음 해의 최저임금을 발표한다. 최저임금이 상승하면 기다렸다는 듯 일제히 학원비, 음식값, 목욕탕비, 교통비 등 모든 물가가 들썩인다. 이게 다 인플레이션inflation에 영향을 주는 것인데 과연 인플레이션은 무엇인가?

인플레이션은 물가상승을 뜻하는 말로, 한 나라의 전반적인 물가가 지속적으로 상승하는 상태를 말한다. 다시 말해 해당 국가의 통화가치가 하락했다는 뜻이다. 주요 발생 원인은 시중에 돈이 많이 풀렸으나 그에 비해 물건이나 서비스는 한정적이기 때문에 자연스럽게 돈의 가치가 떨어졌기 때문이다. 완만한 인플레이션은 문제가 없다. 그러나 급격한 인플레이션은 재앙이다.

같은 상품인데 어제보다 오늘 가격이 올랐고 내일 또 가격이 오를 것이라 가정해보자. 사람들은 은행에 저축했던 돈을 찾아서 물건을 사재기할 것이다. 최근 인플레이션이 극강으로 치달은 베네수엘라의 경우, 생필품을 사재기한 뒤 되팔려던 사람들을 정부가 나서서 압수했다고 한다. 이때 중앙정부에서 금리를 올리면 예금자들이 맡겨둔 예금을 찾기 위해 한순간에 은행으로 몰려드는 현상인 뱅크런bank run을 막을 수 있다. 또한 사람들도 은행 이자가 인플레이션보다 높다면 생필품값이 오르더라도 필요할 때 물건을 살 수 있으니 돈을 찾아가지 않는다.

소비자물가지수란 무엇인가?

금리로 인플레이션을 조절하는 기관이 한국은행이다. 한국은행은 물가 안정을 위해 금리 정책을 펼쳐 시중의 화폐 유동량을 조절한다. 이때 통계청이 매달 작성해서 발표하는 '소비자물가지수Consumer Price Index; CPI'를 활용한다.

소비자물가지수란 물가의 움직임을 한눈에 알아볼 수 있게 지수화한 지표다. 기준이 되는 때를 100으로 놓고 비교 시점의 물가 수준이 얼마나 되는가를 상대적인 크기로 표시한 것이다.

예를 들어 어느 특정 시점의 물가지수가 120이라면, 이는 기준

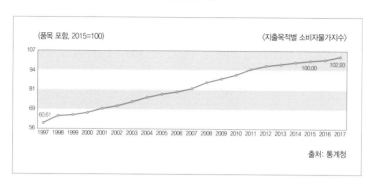

소비자물가지수

(품목 포함, 2015=100)　　　　　　　　　　　　〈지출목적별 소비자물가지수〉

출처: 통계청

시점보다 물가가 20% 높은 것을 의미한다. 소비자물가지수는 현재 전국 37개 도시에서 481개의 상품 및 서비스 품목을 대상으로 소비자구입가격을 조사해 2015년을 기준시점으로(5년 단위로 기준시점은 변경) 두고 소비자물가 수준을 100으로 한 지수 형태로 작성 및 공표하고 있다. 다시 말해 소비자 물가지수가 10% 상승하면 사람들이 기존의 소비 수준을 유지하기 위해 지출해야 하는 생계비가 10% 더 필요하다.

　실제 통계청 사이트의 소비자물가지수 메뉴에서 필요한 자료를 확인할 수가 있다. 위의 그래프에서 보듯 지난 20년간 물가 변동을 살펴보자면 2015년을 100으로 두었을 때 1997년이 60.61이었고, 2017년이 102.93이니 20년 동안 물가가 2배 가까이 뛰었다고 해석할 수 있다.

인플레이션을 이기는 투자

실제로 우리는 매일 인플레이션을 체감하며 살아가고 있다. 내가 대학을 다녔던 2000년대 초반에는 아르바이트 시급이 2,500원 수준이었는데 지금은 7,500원 정도까지 한다. 그때 김밥은 한 줄에 1천 원, 지금은 3천 원에서 6천 원까지 한다. 학교 앞 하숙집 월세가 보증금 500만 원에 30만 원이었으나 지금은 원룸 보증금 1천만 원에 60만 원 정도이고, 당시 영화는 한 편당 6천원이었는데 이제는 주말 극장에서 1만 2천원에 표를 산다. 약 20년 동안 거의 모든 물가가 2배 상승했다.

그런데 만약 20년 전에 집 안 금고에다가 1억 원을 두었다면 어떤 결과를 가져왔을까? 아니면 은행에 넣어 두었다면? 매년 한국은행 기준금리를 반영해 복리로 계산해보면 약 1억 7천만 원 정도가 된다. 그 당시에 1억 원이면 마포구 공덕동 20평대 아파트를 살 수 있었다. 지금 그 아파트 시세는 5억대다.

이렇게 인플레이션을 이기는 투자를 하지 않고 돈을 쥐고 있었다면? 마치 성을 쌓았는데 단단할 줄 알았던 성이 알고 보니 파도에 쓸려 아래 부분부터 조금씩 사라져가는 해변의 모래성이었다는 것과 마찬가지다. 한마디로 인플레이션은 소리 없는 도둑이다.

아파트 같은 실물자산은 인플레이션의 영향을 받지 않는다. 비록 노후화가 되더라도 주변에 산업단지라든지 쇼핑몰, 지하철역 등이 생겨 여건이 좋아지면 지대가 상승하기 때문에 가치가 올라

1억 원을 20년간 굴리는 몇 가지 방법

(단위: 백만 원, 세 포함)

NO.	년도	예금 금리(%)	이자액	총액
1	1999	6.65	6.7	107
2	2000	7.35	7.8	114
3	2001	5.6	6.4	121
4	2002	5.95	7.2	128
5	2003	5.25	6.7	135
6	2004	4.55	6.1	141
7	2005	5.25	7.4	148
8	2006	6.3	9.3	158
9	2007	7	11	169
10	2008	4.5	7.6	176
11	2009	3	5.3	182
12	2010	3.75	6.8	188
13	2011	4.88	9.2	198
14	2012	4.13	8.2	206
15	2013	3.75	7.7	213
16	2014	3	6.4	220
17	2015	2.25	4.9	225
18	2016	1.88	4.2	229
19	2017	2.03	4.6	234
20	2018	2.03	4.7	238

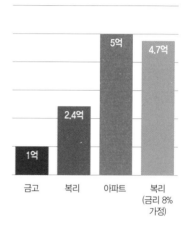

가기 때문이다. 아파트 값은 큰 경제위기가 오지 않는 이상 물가 상승률만큼은 올라갈 거라는 말이 있다.

그렇다면 실물자산만이 인플레이션을 이기는 투자인가? 아니다. 2008년 금융위기 이후 금리가 3%대 이하로 추락하며 저금리가 10년간 지속되었지만 만약 8%수준으로 계속 유지되었다면 총액은 4억 7천만 원이 되어 아파트 매수 정도의 투자가 되었을 것이다(부동산은 거래시 복비와 취득세, 등록세, 재산세, 양도세 등의 비용이 많이 든다).

국내 실물경기와 수출 등을 고려해 현재까지 저금리를 유지하고 있지만 장기적으로는 점진적 금리인상이 필요하다. 시중에 풀린 자금들이 현재 부동산과 주식 등의 자산에 몰리면서 거품을 발생하고 있다. 잔뜩 부풀어진 거품이 어느 순간 꺼지게 되면 또 다른 문제가 발생할 우려가 있다. 그 문제는 우리의 가정에 큰 영향을 줄 것이다. 그렇기에 가정의 경제권을 쥐고 있는 엄마가 지금 경제의 상황을 파악하고 있어야 한다.

심플한 경제공부④
금리와 환율

금리와 환율은 화폐 통화량에 따라 오르락내리락한다. 또한 금리와 물가, 환율은 유기적으로 연동되어 움직인다.

 경제학의 시작과 끝이 '수요와 공급'이라면, 금융의 시작과 끝은 '금리와 환율'이다. 그만큼 금리로부터 시작하는 화폐 유동성의 변화는 가계·기업·정부의 경제 활동과 물가에 영향을 미친다. 그리고 외국과의 금리 차이는 무역뿐만 아니라 투자 자본의 이동에 영향을 미치기 때문에 환율에까지 영향을 준다.

이러한 기본 명제를 정확히 이해하고 있다면 먼저 금리에 대한 뼈대를 세우는 것이 중요하다. 금리의 핵심만 간단명료하게 정리해 설명해보겠다.

금리란 무엇인가?

금리金利란 무엇인가? 한마디로 빌려준 돈의 이자다. 돈을 빌려 일정기간 쓰는 대가로 원금 외 지급하는 돈으로 이를 이자라 하고, 원금에 대한 비율로 이자율(%)이라고도 말한다.

금리를 움직이는 것은 화폐 통화량의 수요와 공급에 의해서다. 예를 들어 금리가 내려가면 기업은 대출을 받아 설비를 늘리고, 개인은 가게를 확장하려는 사람들이 많아진다. 이렇게 시중에 돈

금리 하락, 금리 상승

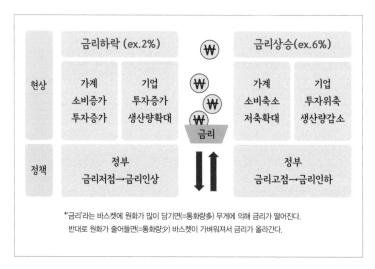

	금리하락 (ex.2%)		₩ 금리	금리상승(ex.6%)	
현상	가계 소비증가 투자증가	기업 투자증가 생산량확대		가계 소비축소 저축확대	기업 투자위축 생산량감소
정책	정부 금리저점→금리인상			정부 금리고점→금리인하	

*'금리'라는 바스켓에 원화가 많이 담기면(=통화량多) 무게에 의해 금리가 떨어진다.
반대로 원화가 줄어들면(=통화량少) 바스켓이 가벼워져서 금리가 올라간다.

동영상으로 명쾌하게 이해한다
금리와 환율

기준금리 변동추이

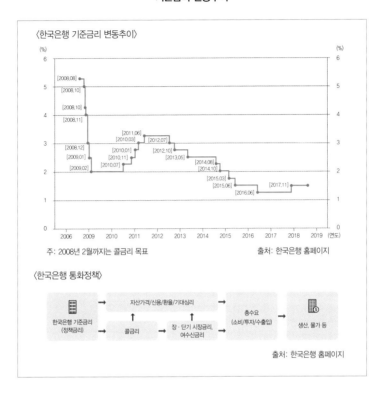

〈한국은행 기준금리 변동추이〉

주: 2008년 2월까지는 콜금리 목표

출처: 한국은행 홈페이지

〈한국은행 통화정책〉

출처: 한국은행 홈페이지

이 많이 풀리면 물가가 상승해 한국은행에서 금리를 올린다. 그러면 한국은행은 국채를 발행하고, 가계는 소비를 줄이고 저축을 늘리며, 기업은 생산량을 감소시킨다. 이제 다시 시중에 돈이 마르며 경기가 좋지 않게 된다. 한국은행은 시중에 돈을 풀기 위해 금리를 내려 투자를 유도하고 국채를 매입한다. 이렇게 금리는 경제를 순환시키는 작용을 한다.

정부는 물가 안정과 경제 성장의 2마리 토끼를 잡기 위해 깊은 고민을 할 수밖에 없다. 물가 안정은 한국은행 담당이고, 경제 성장은 기획재정부 담당이라 이 2개의 조직이 적절한 조율을 통해 문제를 해결해나가는 구조다.

이러한 기준금리는 금융통화위원회의 본회의에서 결정한다. 이때 물가 동향, 국내외 경제 상황, 금융시장 여건 등을 종합적으로 고려해 결정된 기준금리는 콜금리, 시장 금리, 예금 및 대출금리 등에 영향을 미치게 된다.

우리나라는 2008년 미국발 금융위기 이후 지속적으로 금리를 낮춰왔다. 하지만 최근 미국의 금리인상 기조에 맞춰 국내의 금리도 올려야 한다는 의견이 팽배하다.

2018년 11월 30일, 2017년 같은 날 기준금리를 올린 뒤 처음으로 기준금리가 올랐다. 기준금리는 1.50%에서 1.75%로 0.25%p 올랐다. 2015년 이래로 미국이 8차례 기준금리를 인상하는 동안, 우리나라는 한 차례 인하(2016년 6월 9일)하고 한 차례 인상(2017년 11월 30일)했으니 결국 기준금리를 동결해온 셈이다.

환율의 이해

환율 변동 역시 수요와 공급으로 설명할 수 있다. 환율이란 외국 돈과 우리 돈의 교환 비율을 뜻하는 말이다. 즉 '원 달러 환율'이라 함은 1달러를 교환하기 위해 필요한 원화가 얼마인가를 나타

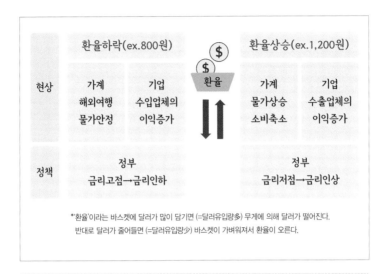

환율 하락, 환율 상승

	환율하락(ex.800원)		환율상승(ex.1,200원)	
현상	가계 해외여행 물가안정	기업 수입업체의 이익증가	가계 물가상승 소비축소	기업 수출업체의 이익증가
정책	정부 금리고점→금리인하		정부 금리저점→금리인상	

*'환율'이라는 바스켓에 달러가 많이 담기면 (=달러유입량多) 무게에 의해 달러가 떨어진다.
반대로 달러가 줄어들면 (=달러유입량少) 바스켓이 가벼워져서 환율이 오른다.

동영상으로 명쾌하게 이해한다
금리와 환율

내는 것이다. '1달러는 1,150원이다'라고 했을 때 1달러의 우리나라 돈으로의 가치가 1,150원이고, 1달러를 사기 위해 1,150원이 필요하다는 말이다.

원래 우리나라는 고정환율 제도를 도입했었는데, 수출입이 늘어났던 1990년대 후반부터 변동환율 제도를 택하고 있다. 기축통화인 달러를 기준으로 보자면 달러가 국내에 많이 들어왔을 경우(=외화 공급 증가) 달러의 가치가 떨어지고 원화의 가치가 올라(=원화 교환 수요 증가) '환율이 하락한다'라고 말한다. 이 모든 일이 외화

시장에서 일어나는데, 특별히 어떤 장소가 있는 것은 아니고 외화와 원화의 교환이 일어나는 모든 장소가 외화시장이 된다.

예를 들어 우리나라 금리가 미국보다 높을 경우 미국의 투자기관이나 자본가들이 저리低利로 미국에서 돈을 빌려 고금리를 주는 우리나라 예금·채권 등에 투자를 한다고 치자. 전문용어로는 이를 캐리 트레이드carry trade라고 하는데 이 경우 먼저 달러를 원화로 바꿔야 한다. 이는 원화를 사려는 사람들이 많아진다는 의미로 수요공급의 원칙에 의해 달러의 양이 풍부해지면서 원화의 가치가 올라간다(=환율 하락). 이렇게 환율이 하락하면 해외여행이나 물건을 수입할 때 유리하게 된다. 그래서 다시 원화를 달러로 바꾸고자 하는 수요가 늘어 원화의 가치가 떨어지는(= 환율 상승) 순환이 일어난다. 환율이 오르면 수입원가가 올라가 물건 가격(=물가)이 상승하며 동시에 수출 기업의 호황으로 내수시장 유동성이 증가한다. 그러면 물가가 상승하게 되고, 이를 안정화시키기 위해 한국은행에서는 금리를 올려 시중에 풀린 돈을 불러들인다. 국내 금리가 상승하면 외국인들의 국내 예금, 채권 등 투자를 위해 달러가 유입되고(=외화 공급 증가) 원화 가치가 올라(=원화 교환수요 증가) 환율이 다시 하락한다.

우리나라 경제는 이처럼 환율에 민감하게 반응하고 있음을 꼭 기억하자. 그도 그럴 것이 우리나라는 세계 무역수출국 6위(183개국, 2017년 통계청 출처)이며 대외무역의존도가 높다고 할 수 있다. GNI(국민총소득) 대비 수출입 비율은 84%로 이는 OECD주요국 평균 53%

보다 훨씬 높은, 대외환경 변화에 영향을 많이 받는 구조다. 그렇기에 환율 변동과 미국, 국내 금리의 비교 추이를 지속적으로 파악하고 있어야 한다.

끝으로 금리와 물가, 환율과의 상관관계는 다음과 같이 정리할 수 있으니 간략히 되짚어보고 넘어가자.

- 물가↑ (통화량 줄이기 위해)금리↑ (해외 투자금의 유입으로 외화 가치 하락)환율↓ (수출 감소, 수입 자재 가격 하락)물가↓ (통화량 늘리기 위해)금리↓ (해외 투자금 유출로 외화 가치 상승)환율↑ (수출 증대, 수입 자재가격 상승)물가↑ … (반복) …

심플한 경제공부⑤
경제 순환

금리는 경기를 알려주는 신호등이자 바로미터다. 연일 뉴스에서 한국은행이 이번 달에는 금리를 올릴 것인지 귀추를 주목하고 있는 이유도 이 때문이다.

 1997년 IMF 외환위기때 금리는 30%까지 치솟았다. 실제 IMF측에서는 콜금리 30% 수준인 고금리 정책을 고수했는데, 그 이유는 외화 자본의 유치를 통해 빠른 환율 안정을 꾀하기 위해서였다. 그러나 환율이 안정되기 전에 은행에서 돈을 빌려 사업을 일구고 아파트를 샀던 사람들은 대출 이자를 견디다 못해 부도가 나거나 헐값에 집을 내놓게 되었다.

대신 현금을 은행에 예치했던 사람들은 연일 떨어지는 부동산들을 싸게 사고 은행에서 높은 이자를 받으며 자산을 불리기도 했다. 당시에는 채권 역시 자산을 불릴 수 있는 수단이었다.

금리는 투자의 바로미터

지금은 기준금리 1.75%(한국은행, 2018년 12월 7일 기준) 시대로 초저금리를 유지하고 있다. 예금금리 2%로 은행에 10억 원을 예금해도 1년에 2천만 원, 1달에 160만 원 정도의 이자를 받을 수 있다(세금 포함). 그래서 은퇴 후 퇴직금을 은행에 예금해두고 생활하던 사람들은 갑자기 생계가 막막해져버렸다.

즉 금리가 높으면 사람들은 예금이자만으로도 만족할 것이다. 동일 조건으로 금리 10%가 된다면 매년 1억 원을 받고 월 830만 원으로 생활이 충분하다. 굳이 주식이나 부동산에 투자해 위험을 감수할 이유가 없다.

그러나 지금처럼 금리가 너무 낮아 인플레이션을 고려하면 손해일 경우 은행에 돈을 넣지 않고 주식이나 부동산으로 이동한다. 게다가 대출금리마저도 낮으니 레버리지leverage투자를 하기에 좋다고 생각한다.

참고로 레버리지 투자는 자신의 자금에 대출금을 추가해 수익률을 높일 수 있는 투자다. 예를 들어 총 자산이 5억 원이면 8억 원짜리 아파트를 살 수 없지만 3억 원을 대출받아 아파트를 사 아파트 값이 10억 원이 된다면 원금과 이자를 갚고도 꽤 많은 수익을 올릴 수 있어 효과적인 투자 방법이다.

이렇듯 금리는 경기를 알려주는 신호등이자 바로미터다. 연일 뉴스에서 한국은행이 이번 달에는 금리를 올릴 것인지 귀추를 주목하고 있는 이유도 이 때문이다. 그렇다면 금리 관련 뉴스를 들었을 때 우리는 어떤 액션을 취해야 할까?

코스톨라니의 달걀이론

금리에 따른 투자 방법을 잘 설명한 사람이 헝가리의 전설적인 투자가 앙드레 코스톨라니$^{Andre\ Kostolany}$다. 그는 '달걀 이론'을 통해 주식 투자 모델을 제안했다.

주가는 결국 유동성과 심리이며 이 둘을 이끄는 조건은 경기다. 코스톨라니는 경기 변동의 중심에는 금리의 작용이 가장 크다는 점을 알고 금리와 주식 사이의 관계를 설명했는데, 요즘은 부동산과 채권까지 확장해 분석하는 경우가 많다.

코스톨라니의 달걀이론

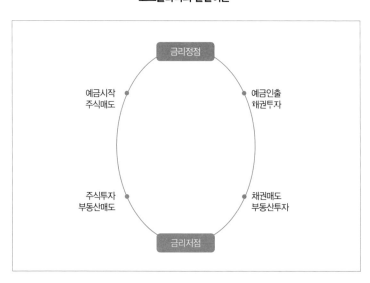

금리 이슈에 주목하고 액션을 취하는 방법은 다양하다. 다음의 내용을 읽고 나는 A와 B 둘 중 어느 집단에 속하는지 곰곰이 생각해보자.

금리저점 : 한국은행 금리인상 논의

A : 부동산 값도 올랐고 시세차익도 있으니 매도할까? 아직 금리는 낮으니 예금이나 채권은 크게 이익이 없고, 안전하게 고배당주와 우량주에 좀더 투자해야겠다. 그런데 금리 인상이 바로 이뤄지지 않고 있네. 아무래도 경기가 안 좋아 쉽게 금리를 올리지 못하는 모양이군.

B : 부동산이 계속 기다려도 안 떨어지네. 몇 달 전에 본 집이 1억이나 올라 상투 잡는 건(값이 가장 비쌀 때 사는 것을 뜻하는 관용구) 아닐까 걱정이네. 그래도 대출 이자가 싸니까 지금이라도 들어가야겠다.

금리인상 중기

A : 금리가 좀 올라갔네. 슬슬 주식에서 예금으로 안전하게 갈아타야겠다.

B : 옆자리 A는 우량주 위주로 몇 달 전에 샀다던 게 엄청 올랐다네. 신용 융자를 받더라도 주식을 사야겠다. 비상금으로 남겨뒀던 예금도 이 참에 다 깨서 주식에 넣자. 어차피 주식 수익률이 이자보다 낫다니깐. 역시 부동산이랑 주식은 같이 움직이는구나.

금리정점 : 한국은행 금리인하 논의

A : 금리가 상승했구나. 예금보다는 좀 아쉽지만 채권 투자로 넘어가야겠네. 지속적으로 금리가 빠지면 내가 갖고 있을 고금리 채권의 가치가 올라갈테니.

B : 아파트 살 때 변동금리로 했던 게 후회되네. 슬금슬금 오르던 금리가 이젠 감당할 수가 없어졌어. 내가 하우스푸어^{house poor}가 되다니. 원래 산 가격이라도 팔리면 좋겠는데 살 사람이 안 나타날까봐 불안하다. 조금만 더 버텨보고 안되면 집을 파는 수밖에. 주식도 올라갈 기미가 안 보이네. 이쯤에서 손절해야 되나보다.

금리인하 중기

A : 금리가 자꾸 떨어지니 내 채권 가치가 떨어지겠구나. 채권 가격이 더 떨어지기 전에 팔고 부동산을 좀 사야겠다. 요즘 대출 이자를 못 견디고 나오는 매물들이 눈에 보이고, 정부도 부동산 규제를 풀어 시장 활성화를 꾀하고 있으니 인플레이션도 못 이기는 예금보다는 임대 수익률을 챙기는 게 낫겠네.

B : 다행히 산 가격보다는 못 받았지만 집도 팔고 대출도 갚았으니 살 것 같다. 이제 다시는 부동산 쪽으로는 고개도 안 돌려야지. 좀더 작은 집 전세로 옮기고 남는 돈은 예금에 넣어둬야겠다.

A과 B의 가장 큰 특징은 무엇일까? A는 금리 변화 신호를 먼저 읽고 바로 움직이는 반면, B는 금리 변화로 일어난 시장의 시그널을

본 후 움직였다는 점이다. 즉 A가 이미 치고 나가 수익을 거둔 것들을 B는 따라하는 형국이다. 게다가 경제 지식이 많은 A는 채권을 활용해서 부동산과 예금 중간에 빈 기간에도 수익을 올리고 있었다.

A는 경기 순환을 '투자'의 시각으로 바라보고, B는 '투기'로 접근해 큰돈을 벌 수 있을 거라는 도취 상태에 빠져 군중에 휩쓸린다. 결국은 심리 게임이다.

안타깝게도 우리 대부분은 'B'에 속한다. A가 되길 바란다면 지속적으로 금리의 변화를 읽으며 평범함에서 벗어난 다른 생각과 행동을 해야 한다.

경제 기사에
시동 걸기

경제를 모르면 돈을 벌 수 없다는 대전제를 망각하고 있다. 기초체력 훈련 없이 과녁에 화살만 잘 쏘면 양궁선수가 될 수 있다는 말과 뭐가 다른가?

 대부분의 사람은 고등학교 시절 '정치경제' 수업 이후 자의적으로 경제 공부를 해본 적이 없을 것이다. 고등학교 때 배웠던 경제조차도 거시경제에 대한 내용이 많아 실생활에서 쓸 수 있는 지식이 거의 없다.

특히 학교 때 배웠던 경제 공부는 시험 문제를 풀기 위한 암기식 공부였고, 돈을 번다거나 월급을 관리하고 불려나가는 것에 대한 실질적인 내용은 없었다. 또한 고등학교 시절에는 대부분 부모님이 돈에 대한 문제를 해결해주었기 때문에 돈 때문에 울 일도 없었고, 절박함도 없었다.

지금이라도 경제 뉴스에 관심을 가져야겠다고 마음먹지만 금세 포기하고 만다. 경제 용어는 낯설고 어려워 고단한 출퇴근길이나 집안일을 하며 스마트폰으로 뉴스를 보기가 쉽지 않다. 보통 경제 뉴스보다는 연예계나 스포츠 뉴스를 보며 머리를 비우고 싶어 한다. 이렇게 사람들은 숨쉬는 모든 것이 경제라는 사실을 망각한 채로 생활하고 있다.

이제부터라도 공부 좀 해야겠다며 재테크 책을 한두 권 사서 부동산·경매·주식 등을 시작하는 것은 더 위험하다. 쉽게 돈 벌 수 있다고 현혹하는 재테크 요령 책 말고 경제 기사를 꾸준히 읽어나가는 것이 필요하다.

경제 기사는 사실에 근거해 논리적으로 설명하고 있어 꾸준히 정독하다보면 답이 보인다. 매일 신문을 봐도 좋고, 주간지 형태로 나오는 잡지를 사거나, 도서관에서 보고 필요한 페이지를 복사해오는 것도 좋다. 또는 청취자의 눈높이에 맞춰 친절하게 설명해주는 라디오 경제 뉴스나 출퇴근시 또는 집안일을 하며 듣기 좋은 팟캐스트나 유튜브도 추천할 만하다.

경제기사를 읽으면 좋은 점

경제 기사를 읽으면 어디에 좋다는 것일까? 그 이유는 크게 4가지를 들 수 있다.

첫째, 기회를 잡을 수 있다. 쳇바퀴처럼 돌아가는 일상에 치이

다 보면 중요한 경제 흐름을 놓치기 쉽다. 모처럼 내 자산을 불려줄 기회가 다가왔음에도 불구하고 모르고 지나치게 된다. 최악은 사기를 당할 수도 있다. 때문에 경제적인 리스크를 피하고 최상의 기회를 잡기 위해서 경제를 보는 안목을 꾸준히 키워둬야 한다.

직장인 H는 입사동기가 신도시 공공분양 신혼부부 특별공급에 당첨되었다는 소식을 들었다. 같은 회사에 동일한 연차이기 때문에 모아둔 종잣돈도 비슷했으나, 정작 자신은 오피스텔 월세로 신혼집을 살고 있어 억울한 면이 없지 않았다. 아예 그런 주택 청약 제도가 있다는 것 자체를 몰랐을 뿐 H에게 무슨 죄가 있겠는가.

둘째, 미래를 예측할 수 있다. 경제 기사를 꾸준히 읽다보면 이해도가 높아진다. 그리고 나름 경제 흐름을 읽고 해석하고 예측하는 수준에 이르면 모든 일에는 원인과 결과가 있다는 것을 파악할 수 있다. 또한 경제는 순환하고 있음도 깨닫는다. 즉 비슷한 현상이 대략 10년 주기로 반복되기 때문에 언제 현금을 가지고 있다가 언제 어떤 투자를 해야 할지 눈에 보인다. '한 번 오답은 다음번엔 정답'이라는 말이 있듯이 지난번에는 몰라서 놓쳤지만 예측하기 기다린다면 다시 기회가 왔을 때 잡을 수 있다.

전문직에서 은퇴한 S씨는 백발이 성성한 70대 노인이다. 하지만 아직도 아침마다 경제 신문을 보며 하루를 시작한다. 시간이 남아서 그냥 본다고 말하지만 전국 요지의 땅 부자에 건물주에다가 증권사 VIP다. 건강이 나빠지기 전까지 줄곧 일만 했는데 은퇴 후 보기 시작한 경제 신문 덕분에 자산을 더 키울 수 있었다고 한다.

셋째, 산업과 기업의 성장에 대한 감을 익힐 수 있다. 주식에 조금이라도 투자를 하는 사람은 자연스럽게 경제 뉴스를 관심 있게 볼 수밖에 없다. 앞서 말했듯이 주가 지수는 경제 상황을 반영하는 바로미터이기 때문이다. 그러나 보통 사람들 역시 금리와 주가 지수 등의 흐름을 파악하고 있는 것이 좋다. 예를 들어 유가가 떨어졌다는 기사를 봤다면 어떻게 할 것인가? 항공주의 최근 시세를 주의 깊게 살펴볼 수밖에 없다. 그리고 조금 투자해보면 어떨까 하는 생각도 해볼 것이다. 주식 투자에 대한 공부가 부족한 사람이라면 1주 정도 공부 삼아 매수해보는 것도 도움이 된다.

넷째, 자산의 포트폴리오를 수정할 수 있다. '계란을 한 바구니에 담지 말라'는 말처럼 기본적으로 자산은 전략적으로 배분해 관리한다. 개별 상품의 1~2% 수익률에 연연하지 말고 예금, 주식, 부동산 등 자산을 어떻게 배분해두느냐에 따라 시간이 지난 후 수익률 차이는 크게 벌어진다. 그래서 경제 기사를 유심히 보며 자산의 종류와 비율을 조정해나가야 한다.

경제 용어, 기본만 확실하게 알자

경제 기사는 용어 자체가 너무 어렵다. 그렇다고 모든 기사에 각주를 넣어 친절하게 설명해주는 경우도 드물어 기초체력 없이는 텍스트만 훑고 의미는 파악 못한 채 공부가 끝날 수 있다. 그래서 기본적인 용어나 개념은 따로 공부를 해둬야 하는데 그렇다면 어떤 책이 좋을까?

우리가 학창 시절에 영어가 힘들었던 이유 중 하나는 문법 때문이었다. 성문 기초, 성문 기본, 성문 종합까지 시리즈들을 마스터하려고 무진장 애썼던 기억이 있다. 물론 학생들의 영어 실력을 테스트하기에 가장 쉽고 정확한 도구는 문법 밖에 없지만 현재 아이들의 영어 공부법은 이전과 사뭇 다르다. 문법보다 듣기와 말하기 우선으로 가르친다. 그 다음이 영작이다. 영작을 잘 하기 위해 필요한 것이 영문법이다. 초등학교 수준의 아주 간단한 문법책 한 권만 이해하면 된다. 이미 반복적인 영어 듣기와 말하기로 자연스럽게 영어를 익혀왔기 때문에 문법이 틀린 문장은 어색하다고 생각하는 경험을 하게 될 것이다.

경제 공부도 마찬가지다. 복잡하고 어려운 경제 용어책, 경제 원론책은 크게 필요 없다. 경제 용어는 새롭게 생겨나기도 하고 없어지기도 하기 때문에 기본적인 용어만 이해한 후에 나머지는 필요할 때마다 익히면 되는 것이다.

거창하게 경제 공부를 한다고 두꺼운 책들을 서점에서 사와서 읽기만 한다면? 아마 학습지의 앞부분만 새까맣게 보고 나머지는 깨끗한 새 것 그대로 두었던 학창시절의 행동을 그대로 반복하지 않을까 싶다.

Fast Follower가 되어라

부동산은 심리와 정책의 싸움이고, 주식은 외인과 뉴스와의 싸움이라고 했다. 개인은 정부 정책과 기관, 외인을 절대 이길 수 없다. 정부와 기관, 외인보다 빠르게 정보를 얻을 소스가 있는 것도 아니고, 방대한 데이터와 자금으로 가격에 영향을 미치기도 어렵다. 가장 현명한 방법은 경제 기사를 통해 이러한 흐름을 읽고 fast follower(빠르게 따라하는 자)가 되는 것이다.

항상 경제 뉴스를 보며 본인이 가진 모든 경험과 지식을 동원한 후 판단해 재빨리 투자해야 한다. 자신의 목표 수익률을 달성했다 싶으면 매도하고, 가치 있다고 생각하는 것은 장기 보유하는 것을 추천한다.

미래를 예측한다는 것은 대단히 어렵다. 많은 정보를 종합적으로 이해하고 분석해 현재를 진단해야만 미래에 대한 방향성을 잡을 수 있다. 그렇게라도 하지 않을 경우 재산을 지키지 못하는 위험에 직면할지 모른다. 인간은 경제적 동물이라는 것을 잊지 말고 평생 해야 하는 금융과 소비를 즐겁게 하자. 복잡한 테크닉을 감수하는 대신 쉽고 즐겁고 합리적으로 경제를 공부해 '부자 되기'를 실천해보자.

사람들은 부자가 되고 싶어 한다. 그러나 경제를 모르면 돈을 벌 수 없다는 대전제를 망각하고 있다. 기초체력 훈련 없이 과녁에 화살만 잘 쏘면 양궁선수가 될 수 있다는 말과 뭐가 다른가?

예전에 양궁 국가대표팀 서거원 감독님의 강연을 들은 적이 있다. 선수들은 기초 체력은 물론 담력을 키우기 위해 번지점프뿐만 아니라 뱀을 동원한 훈련까지 병행한다고 한다. 경제 기사를 꾸준히 읽는 것은 선수들이 기초체력을 키우는 훈련과 동일하다. 엄마들은 정확한 한 발을 명중시키기 위해 몇 년씩 연습하는 선수들에게서 꾸준함을 배워야 한다.

야매 수익률에 넘어가지 않는 법

간혹 큰 사거리 신호에서 오피스텔 분양 광고 현수막을 볼 수 있다. '실 투자금 5천만 원, 수익률 15% 보장'

금리 1%대 시대에 15%의 수익을 준다면 집이라도 팔아서 투자해야겠다 싶을 정도다. 이러한 현수막에 전화를 걸고 사무실을 방문하는 사람이 꼭 있다. 은퇴하고 월세 받기를 갈망하는 사람들, 설사 공실이 난다고 하더라도 내게 해당되지는 않겠지 하는 초긍정 마인드의 사람들이다.

실제로 어떤 50대의 가장이 은퇴를 앞두고 집 평수를 좀 줄여 남은 차액으로 어떻게 하면 좋을지 고민했었다. 그 분은 집 앞 부동산 중개소에 갔다가 이런 말을 들었다.

"이제 집 값이 오를 만큼 올랐어요. 여긴 더이상 오르기 힘드니 살고 계시던 집에 전세로 있는 조건으로 제가 좋게 팔아 드릴게요."

"아니, 오르지도 않을 집을 누가 산다는 말이오?"

"잠실 쪽에 사는 여사님이 여기 투자만 하겠다는 분이 있으세요. 실거주는 아니니까 2년 뒤에도 계속 살 수 있어요. 그리고 전세 차액으로 1억 원짜리 오피스텔을 분양사 대출 50%로 받아 2채 사두시고 꼬박꼬박 월세 받으세요. 근처에 신축 오피스텔 분양하는 거 있는데 보증금 500에 월세 60씩 2채면 월 120만 원은 받을 수 있으니까 연금이랑 합하시면 노후보장으로는 그만이죠. 수익률이 16%나 되는 걸요. 좀 전에도 어떤 분이 계약하고 가셨어요."

홈쇼핑채널을 보다가 '마감임박'이라는 말만 들어도 심장이 콩닥콩닥 뛰는데, 애들 키운다고 준비 못한 내 노후를 이렇게 한 방에 해결해주는 상품이 여기 있구나 싶을 정도였다고 한다. 좋은 층을 가져가려면 빨리 계약해야 한다는 말에 그 자리에서 바로 2채를 계약하고 살던 아파트를 매물로 내놓았다.

여기서 각자의 입장을 자세히 살펴보자. 부동산 중개업자는 거래 횟수가 많을수록 이익이다. 아파트 매도 1건(120만 원), 전세 거래 1건(60만 원), 오피스텔 매도 2건(100만 원)으로 약 280만

오피스텔 2채 수익률 계산

(단위: 만 원, 세 포함)

구분	공식	분양가	대출금	보증금	월세 (12개월)	대출 이자 (년6%)	실 투자금	순수익	수익률
일반적 수익률	월세×12개월/ (분양가−보증금)	20,000	−	1,000	1,440	−	19,000	1,440	7.6%
대출금 제외 수익률	월세×12개월 −대출이자/ (분양가−대출금 −보증금)	20,000	10,000	1,000	1,440	600	9,000	840	9.3%
부동산 계산 수익률	월세×12개월/ (분양가−대출금 −보증금)	20,000	10,000	1,000	1,440	−	9,000	1,440	16.0%

원을 벌었다. 오피스텔 분양사는 2건을 팔면서 2억을 벌었고, 마지막으로 집주인의 수익률을 따져보자. 그런데 집주인도 이익을 봤을까? 정말 부동산의 말대로 16%가 될 것인가?

아파트 매도(3억) − 전세(2억) = 1억

→ 보증금 1천만 원 + 분양사 대출 1억 + 1억 투자(9천만 원 + 취등록세, 부가가치세, 복비 1천만 원)

우리가 금융에서 말하는 일반적 수익률로 계산하면 7.6% 밖에 안 된다. 그런데도 부동산에서는 그냥 월세 대비 실투자금만 고려해 최대한 수익률이 높은 것처럼 과장해 계약을 유도한다. 심지어 한 개가 공실이라도 난다면 주인이 관리비까지 물어야 하기 때문에 수익률은 3%대로 곤두박질친다. 거래 초반에 들어간 비용이 이미 약 1천만 원 들었고, 매년 월세에 대한 부가가치세와 재산세까지 고려했을 때 그냥 아파트를 팔지 않고 가만히 있었더라면 오히려 시세차익이라도 거둘 수 있지 않았을까?

　이런 안타까운 사람들이 정말 생각보다 주변에 많다. 나보다 부동산 전문가들이니 당연히 맞겠다 싶고, 분양사 팸플릿에 인쇄된 글자들이 믿음직해보이니 그냥 따라간 것이다. 지나치게 높은 수익률은 무조건 의심하고 위험risk관리에 각별히 대비하는 게 험난한 세상에서 나와 내 가족을 지키는 유일한 방법임을 명심하자.

경제 공부 QUICK SUMMARY

	What (본질과 핵심)	How to do? (실천방법)
❶ 수요와 공급	수요가 증가하면 가격이 오르고 수요가 적으면 가격이 떨어진다.	가치>가격을 찾을 수 있는 안목이 필요
❷ 가격 결정	예쁨과 편리는 가격을 상승시킨다.	알맹이를 찾고 껍데기는 버리자.
❸ 인플레이션	자연스러운 인플레이션은 좋으나, 급격한 인플레이션은 위험하다.	실물자산으로 바꾸는 투자가 필요
❹ 금리와 환율	통화량에 따라 금리와 환율은 움직인다.	금리-물가-환율의 흐름을 파악하자.
❺ 경제순환	경제는 순환하며 그 지표는 금리다.	금리 변화를 읽고 투자하자.

5가지 돈 공부는 유리공 저글링에 비유할 수 있다. 하나의 공을 보고 있더라도 다른 공들을 곁눈으로 계속 봐야 회전이 유지된다. 돈 공부도 이와 마찬가지다. 하나의 투자에만 집중하지 말고, 내 자산과 경제 상황을 보며 다양한 조합을 이뤄보자. 결국에는 얼마나 빨리 자신만의 실전 기술을 체득하느냐가 중요하다. 남 따라 하다가 실패하지 말고 '나만의 스텝'으로 '나답게' 하자. 당신의 돈 공부는 이미 시작되었다.

5장

실전에 써먹는
심플한 돈 공부

스테디 상품 5가지의
팀워크 시스템

가장 보편적이며 오랫동안 사랑받은 스테디 상품 5가지만 알자. 복리·펀드·주식·ETF·아파트만 알고 나머지는 과감하게 버린다.

 몇 해 전, LA에 잠시 머물렀던 적이 있었다. 그곳에서 의류 공장을 방문했었는데 우리나라와는 매우 다른 모습에 다소 충격을 받았었다. 국내에서는 보기 힘들 정도로 거대한 규모와 수백 대의 공업용 미싱 앞에 히스패닉들이 앉아서 봉제를 하고 있었다.

그들은 본인의 자리에 TV를 놓고 보면서 일하기도 하고, 옆에 자신의 아이를 앉혀놓고 일을 하는 사람도 있었다. 점심은 공장 앞 트럭에서 파는 샌드위치로 해결하고 다시 일을 한다. 퇴근 시간이 되면 하루 종일 본인이 완성한 옷을 들고 검사를 받은 뒤 불량품을 제외한 숫자만큼 일당을 받아서 간다. 그들은 다음날 출근

할 수도 있고, 안 할 수도 있다.

꽁장히 개인적인 시스템이었다. 이런 방식을 피스봉제 또는 객공 작업이라 부른다. 이런 방식은 생산성이 떨어질 수밖에 없다. 한 사람이 옷 만드는 모든 공정을 다 익혀야 하기 때문에 시간이 많이 걸리고, 고난이도의 작업은 할 수도 없다.

이를 재테크 측면에서 보자면 각 분야의 전문가가 자기 말만 하는 상황이다. 서로가 결합해 시너지를 낼 수 있는 일이 없다. 전략과 전술은 없고 각개전투만 하고 있는 꼴이다.

이에 비해 국내 공장은 거의 대부분 라인 작업이다. 본인 담당 부분만 작업하고 다음 사람에게 넘기면 그 사람 역시 본인 부분만 작업한 후 다음 사람에게 넘긴다. 이렇게 라인을 다 거쳐야 옷을 하나 완성할 수 있다. 같은 부분만 계속 봉제를 하기 때문에 시간이 지날수록 손에 익어 점점 작업 속도가 빨라진다. 라인 작업은 수량이 많을수록 생산성이 높다. 대신 초급 기술자는 단순 작업이나 완성반 등 다른 쪽에서 일을 한다. 출근하면 반장이나 공장장이 타주는 모닝커피 한 잔을 마시고, 종일 같은 라디오 방송을 들으며 미싱 발판을 밟는다. 일감이 많이 야근까지 할 때는 이김없이 치킨을 먹고 최상의 팀워크로 라인이 돌아간다.

이렇듯 우리 자산도 시스템을 잘 만들어 효율적이며 조화롭게 돌아가야 한다. 어느 한 부분만 특별하게 기술이 좋다고 해서 전체가 잘 돌아간다고는 할 수 없다. 투자도 마찬가지다. 대개 부동산 전문가는 부동산에만, 주식 전문가는 주식에만 모든 관심을 쏟는다. 이렇게 해서는 절대 시스템이 완성될 수 없다.

상황과 맥락에 맞는 투자를 하기 위해서는 각 부분별 전문지식을 고루 갖춰야 한다. 모든 분야의 전문가가 되기는 어렵지만 각 분야가 성과를 낼 수 있게 조절하고 자원을 추가해주는 것은 우리 모두 할 수 있다. 그리고 그것이 내 돈의 주인, 즉 나의 역할이다.

내겐 너무 어려운 금융, 부동산

투자의 귀재라고 불리는 워렌 버핏^{Warren Buffett}은 2016년 투자 정보지 〈인베스트먼트 뉴스^{Investment News}〉와 인터뷰를 했다. 버핏은 인터뷰어에게 내년에 이루고 싶은 목표 25가지를 정해보라고 말했다. 질문자가 작성을 마치자 그 25가지 중 가장 중요하다고 생각되는 것 5가지를 체크하고 나머지 20가지는 어떻게 하면 좋겠냐고 질문했다. 질문자는 5가지 목표를 먼저 이룰 수 있도록 노력하고 나머지는 조금이라도 이룰 수 있게 애쓸 것이라 했다.

하지만 버핏은 틀렸다며 나머지 20개는 버려야 된다고 충고했다. "성공전략의 본질은 목표를 어떻게 이룰 것인지가 아니다. 무엇을 하지 않을 것인지를 선택하는 데 달려 있다."

재테크를 하기로 마음먹고 가장 먼저 금융권 사이트를 검색해보면 ELS, ELD, ELF, ETF, MMF, MMDA, CD, CP, RP 등의 영어 약자를 많이 볼 수 있다. 그런데 도통 무슨 말인지 모르겠고 출자금,

예탁금, 후순위채권, 사모펀드, 선물, 옵션, 주식, 연금저축, 연금펀드 등 한자가 섞인 금융상품 용어들도 어지럽기는 마찬가지다.

위의 모든 단어를 보고 뭘 말하는지 도통 모르겠다 하면 일반인이고, 다 알겠다면 아마 금융권 종사자가 아닐까 싶다. 부동산도 쉽지 않다. 경매, 공매, 상가, 아파트, 오피스텔 등 공부하고자 한다면 끝도 없다. 책부터 사서 한 줄 한 줄 읽고 해석하다가 에너지를 다 소모하고 그냥 덮어버린다. 그러다가 결국 '다음에 해야지'라며 미루게 되는 게 돈 공부를 시작하는 사람들에게 공통적으로 나타나는 현상이다.

심플하게, 딱 5가지 스테디 상품만

나도 물론 처음에는 저 많은 금융상품에 대해 자세히 알지 못했다. 시간도 없었고, 그렇다고 미루기만 할 수도 없었다. *그래서 가장 보편적이며 오랫동안 사랑받은 스테디 상품 5가지만 골랐다. 이것들만 맹렬히 공부하고 투자하는 것을 나만의 전략으로 삼은 셈이다. 복리, 펀드, 주식, ETF, 아파트를 뺀 나머지는 과감하게 버렸다.* 나를 부자로 인도해줄 5가지 도구들과 잘 알고 지내고 이들의 팀워크를 강화해서 경기 순환에 따라 선수교체를 해가며 죽을 때까지 할 수 있도록 말이다.

'인지유연성cognitive flexibility'은 단순 지식습득을 지양하고 고차원적 학습을 통해 머릿속에 구조화하는 교육학 용어다. 다양한 방법으로 지식을 습득하고 연결하는 능력을 의미한다. 이렇게 내 머릿속에서 지식과 정보를 잘 구조화해두면 급격하게 변화하는 상황 속에서도 적절히 대응할 수 있는 대처능력이 높아진다.

지금부터 5가지 돈 공부를 통해 각각의 본질을 파악하고 활용할 수 있는 지식을 습득해 머릿속에 구조화해두자. 할 일과 시간에 쫓기는 엄마라면 더이상 미루지 말고 돈 공부의 핵심 5가지만 알자.

심플한 돈 공부①
복리

복리의 효과는 시간이 지나면 지날수록 차이가 많이 난다. 흔히 이를 '복리의 마법'이라고 한다.

"땡그랑 한 푼, 땡그랑 두 푼, 벙어리저금통이 어휴 무거워. 하하하하 우리는 착한 어린이. 아껴 쓰며 저축하는 알뜰한 어린이." 어릴 적 동요 〈저금통〉을 부르며 돼지저금통에 동전을 넣어본 경험이 다들 있을 것이다. 아무것도 없는 빈 통에 동전을 넣을 때는 '땡그랑' 소리가 나지만 저금통이 채워질수록 동전끼리 부딪혀 더 재밌는 소리가 났다. 거의 채워갈 때는 동전을 똑바로 넣지 못하고 45도 각도로 비스듬히 넣던 그 기쁨을 어찌 잊을까? 그렇게 꽉 채운 저금통 배를 갈라 동전과 지폐를 나눠서 신문지에 꽁꽁 싼다. 바깥쪽에 큰 글씨로 액수를 적고, 엄마와 집 근처 시장에 있는 새마을금고에서 통장을 만들었다. 기계로 내 이름과 숫자가 찍힌 통장을 받아들면서 팔짝팔짝 뛰었던 기억이 있다.

이렇듯 우리는 아주 어릴 때 작은 저금통에서부터 저축을 시작했다. '작은 성취는 큰 성공으로 이끌어준다small bites lead to big success'라는 말처럼 처음부터 큰 목표는 길고 지루할 수 있기 때문에 쉽고 간단한 일을 통해 먼저 성취감을 맛보게 해준다. 그러면 다음 도전에 흥미를 가지고 쉽게 도전할 수 있다. *저금통을 다 채웠다는 것은 자산을 모으기 위한 최초의 작은 성공을 의미한다.*

적금, 돈을 모으기 위한 최초의 습관

다음 단계는 적금이다. 적금의 '적積'은 쌓는다는 의미다. 차근차근 돈을 쌓아 모은다는 의미의 적금은 곧 습관이다. 그래서 저축 습관이 좋은 사람들은 자유적금을 선호한다. 아무 때라도 돈 여유가 있으면 집어넣을 수 있는 마인드가 되어 있기 때문이다.

심지어 '풍차 돌리기'를 스스로 실천하기도 한다. 풍차 돌리기라는 것은 매달 적금을 1년 만기로 12개 만들면 다음 해에 매달마다 적금 만기를 맞을 수 있다. 이러한 방법은 중도 해지를 방지할 수 있어 유용하다. 하지만 요즘에는 딱히 권하고 싶지 않다. 금융권이 소비자의 니즈를 반영한 상품을 바로바로 내놓기 때문이다. 만기 전에도 긴급자금 출금이 가능한 상품들이 시중에 나와 있어 번거롭게 여러 개의 적금통장을 만들 필요가 없어졌다.

반대로 자동이체를 선호하는 사람들도 있다. 급여가 매달 정해진 날짜에 통장에 찍히는 보통 사람일수록 적금은 자동이체를 하자. 무리하다 싶을 정도로 가입해두고 스스로 적금에 맞추려고 노력하다보면 지출하는 데 있어 선택과 집중의 사고와 습관이 자연스레 뒤따라올 수밖에 없다.

또한 우리가 잘 모르는 적금금리의 비밀이 있다. 일반적으로 적금이율이 예금이율보다 높아서 언뜻 보기에는 적금으로 더 많은 돈을 벌 수 있을 것 같다. 하지만 이를 자세히 들여다보면 첫 번째 달은 표기된 이율 그대로, 두 번째 달은 11/12만큼, 세 번째 달은 10/12만큼의 이율이 붙는다. 마지막 달은 1/12만큼의 이율이 붙으니 평균 이율로 따지면 6.5/12 수준이다. 예를 들어 한 달에 100만 원씩 1년간 적금(금리 2.6%)을 했을 때, 원금은 1,200만 원이고 이자는 16만 9천 원이다. 만약 1,200만 원을 예금(금리 2.6%)으로 넣는다면 이자는 31만 2천 원이 된다(편의상 세금은 감안하지 않았다). 비록 적금은 이자가 적지만 돈을 모으기 위한 최초의 습관이라는 점에서 의미가 있다.

예금, '목돈 굴리기'의 시작

1년 적금이 만기가 되었다면 주저 말고 바로 예금에 넣자. 적금 이자를 공돈이라 생각하고 "그동안 수고한 나에게 작은 선물

이야" "선배, 적금 탔으니 오늘은 제가 쏠게요"라며 보상금이라도 받은 양 홀랑 써버릴 생각이라면 재테크는 이쯤에서 포기하자.

드디어 목돈 '만들기'가 아닌 목돈 '굴리기' 단계로 들어섰다. 예금에서 '예(豫)'는 미리 예(豫)에 머리 혈(頁)을 합친 글자로, 그 뜻은 '머리로 미리 예상한다' '미리 준비해 맡긴다'라는 의미다. 즉 예금은 돈을 맡겨둔다는 말로, 내가 만기 때까지 어떤 행위도 하지 않아도 된다는 걸 의미한다.

만기된 적금을 찾아 예금으로의 이전시킬 때 끝자리를 '0'으로 맞춰보자. 매달 100만 원씩 2.6%의 이율로 완성한 1년 만기 적금을 찾으면 12,169,000원이다. 여기서 소득세 15.4%를 제하면 12,142,974원이 보통 예금 통장으로 옮겨온다. 여기에 57,026원을 더해 12,200,000원으로 만들어 예금해보자. *큰 의미는 없으나 새로운 통장을 만들 때 정리된 숫자로 시작하고 싶다는 마음가짐이고, 돈에 대한 예의 정도로 생각하자.*

예금을 들 때는 조금이라도 높은 금리를 주는 곳에 가입해야 한다. 금리 비교 사이트(은행연합회 http://www.kfb.or.kr)에서 높은 이율순으로 정렬시키면 금리 우대 조건들이 함께 적혀 있다. 조건에 따른 우대금리를 적용해서 표기된 금리를 준다는 내용인데 보통 그 조건은 카드 개설, 최소 1천만 원 이상 예치, 자동이체의 개수 등의 은행 실적에 도움이 되어야 그 금리를 준다는 내용이다.

'돈이 돈을 벌게 해준다'는 슬픈 논리는 여기서도 적용된다. 그러나 절망하기에는 이르다. 요즘은 인터넷은행들이 생기면서 이러한 조건 없이 누구나 동일한 금리 혜택을 주기도 하기 때문이다. 또는 농협이나 새마을 금고 등 제2금융권은 개인당 3천만 원까지 세금우대 혜택을 주는 제도를 유지하고 있으니 참고하도록 하자.

직장인 H는 오후 반차를 썼다. 어디 갈 일 있냐고 물어보니, 저축은행에 예금 통장 개설하려는데 서울에 지점이 두 군데 밖에 없어 반차를 내고 택시 타고 갈 예정이라 했다. 당시 특판금리로 3%라 시중 은행보다 0.8%이상 높기 때문에 괜찮다 싶었지만 추가 비용도 생각해봐야 되기에 다시 물었다.

"그럼 얼마나 저금할 거야?"

"이번에 적금 탄 600만 원요."

600만 원에 시중은행 최고금리 2.2%로 계산하면 1년 뒤 세금을 제외한 이자가 111,672원인데, 저축은행 특판금리 3%이면 1년 뒤 152,280원이다. 약 4만 원 정도 이자를 더 번다는 건데, 아까운 반차 비용 6만 원(월 급여 250만 원을 20일 근무로 나눠봤을 때)에 택시비 왕복 2만 원을 합하면 8만 원을 날리는 셈이다. 이럴 거면 그냥 거래 은행에 예금하는 게 낫다. 쓸데없이 부지런하고 어설프게 알아서 문제였다.

저축을 하는 공식은 이렇다. 월급에서 일정 부분을 떼 적금을 붓고, 만기가 되면 끝자리를 맞춰 예금을 든다. 예금 만기가 되면 그 해 새롭게 부었던 적금을 합해 다시 예금으로 예치한다. 물론 또 끝자리는 섬세하게 채워서 말이다. 이렇게 계속 적금와 예금을 병행하며 종잣돈을 만들어가는 방식이 스스로 만드는 복리 상품이다.

복리의 마법

예금에는 단리^{單利}와 복리^{複利}가 있다. 원금에만 이자를 계산하는 방법은 단리, 원금과 이자에 이자를 계산하는 것은 복리다.

초보자가 봐도 복리가 당연히 좋은 상품인데, 은근슬쩍 은행에서 복리예금을 없애버려 10년 이상의 장기 저축보험이나 연금에서나 찾아볼 수 있다. 일반적으로 은행에서 표기하는 이자율은 단리를 말한다. 복리의 효과는 시간이 지날수록 차이가 많이 난다. 이를 '복리의 마법'이라고 한다.

1억 원이라는 종잣돈을 연 이자율 6%의 예금에 가입해 매년 이

복리와 단리 비교

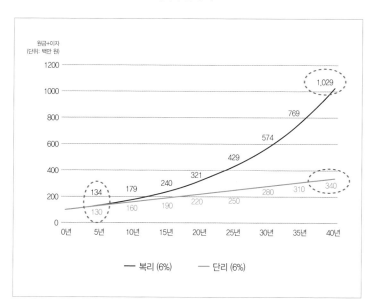

자와 원금을 재예치한다고 가정해보자. 이런 방법을 복리라 하고, 반대로 6%의 이자를 받아 이자는 제외하고 원금만 다시 예치하는 방법을 단리라 하자.

초반 5년까지는 1억 3,400만 원, 1억 3천만 원으로 복리와 단리의 차이가 크지 않다. 그러나 10년 이후 그래프가 기하급수적으로 상승하는 것을 볼 수 있다. 40년 뒤에는 10억 2,900만 원, 3억 4천만 원으로 3배 이상의 차이가 나는 것을 확인할 수 있다. 공식으로 정리하면, 다음과 같다.

복리 만기 금액 = 원금 × (1+연 이자율)^n

단리 만기 금액 = 원금 × (1+연 이자율×n)

(n=연 횟수)

다시 말해 복리는 시간을 거듭제곱하는 지수함수이고, 단리는 시간을 더해서 곱해주는 1차 함수다.

복잡한 계산법을 떠나 손쉽게 떠올릴 수 있는 '72의 법칙$^{Rule\ of\ 72}$'도 소개할까 한다. 72를 연 이자율로 나누면 원금이 2배가 되기까지의 기간이 대략 나온다. 예를 들어 연 이자율 6%를 복리로 계산했을 때 '72 ÷ 6 = 12'가 된다. 즉 원금이 2배가 되려면 12년이 필요하다는 의미다. 반대로 원금이 2배가 되기까지 12년의 기간을 목표로 한다면 이를 위해 필요한 연이율은 6%가 되는 셈이다.

여기서 확인할 수 있는 결론은 3가지다. *첫째, 빨리 시작하면 유*

리하다. 둘째, 종잣돈의 크기가 크면 유리하다. 셋째, 수익률이 높으면 유리하다.

남들보다 돈을 더 못 벌까봐, 사는 게 뒤쳐질까봐 걱정이 되는가? 나도 처음에는 그랬다. 영원히 회사에 묶여서 하고 싶은 일도 포기하고 가족과 보내는 시간도 미루며 살까봐 불안과 초조함으로 잠 못 이루는 날이 많았다.

하지만 이러한 불안과 초조를 없앨 수 있는 단 하나의 방법은 당장 시작하는 것뿐이다. 지금 당신이 불안을 느끼고 있다면 다행이고, 지금이라도 시작 의지를 가졌다면 바른 방향으로 가고 있는 것이다.

심플한 돈 공부②
펀드

여러 펀드에 넣어 위험을 분산하고, 목표 수익률에 도달하면 환매해 안전 자산인 예금으로 옮긴다. 소액과 3년, 적립식이 가장 좋다.

 지금까지 예금과 적금만으로 안전하게 종잣돈을 모았다. 이제 종잣돈은 안정적으로 복리효과를 생각해서 예금에 두고, 적금의 일부를 적립식 펀드로 바꿔 수익률 기어를 본격적으로 변속해보려 한다.

특히 20~30대 일반 사람들은 대부분 직장과 집을 오가며 살기 때문에 시간이 별로 없고, 회사에서 에너지를 다 소진하고 퇴근하기에 집에 오면 꼼짝도 하기 싫어한다. 유한한 자원인 시간과 에너지를 가장 덜 쓰면서 적금 이상의 수익률을 바란다면 돈 불리기를 아웃소싱outsourcing 해보자. 즉 내 돈을 굴려줄 펀드매니저를 고용해 투자를 맡기자는 의미다. 물론 직접 고용은 비용 측면에서 상당히 무리이므로 여러 사람이 동시에 펀드매니저를 고용하는 것이다. 이 개념이 바로 간접투자의 대명사인 '펀드'다.

펀드란 '불특정 다수인으로부터 모금한 기금'이라는 뜻이다. 보통 경제적 이익을 목표로 하는 투자기금이며, 주식·채권에 투자하는 증권펀드와 단기 금융상품에 투자하는 MMF, 그리고 파생상품펀드, 부동산펀드, 실물(선박·석유·금 등)펀드, 특별자산펀드 등이 있다. 운용사가 위의 아이템들을 적절한 비율로 편입해 상품으로 출시하면 소비자는 은행이나 증권사, 펀드 슈퍼마켓 등에서 상품을 살 수 있다.

펀드 역시 투자 상품이기 때문에 일정액의 수수료와 보수가 붙는다. 이 비용은 판매자 포함 펀드매니저에게 주는 월급이다.

펀드는 한꺼번에 돈을 예치해두는 거치식과 매달 돈을 자동이체하거나 비정기적으로 추가 매수하는 적립식으로 크게 구분한다. 꾸준히 수입이 있는 사람들에게는 적립식을 권하는데, 해당 펀드의 수익 등락과 상관없이 꾸준히 불입하기 때문에 만약에 있을 위험에 대한 코스트 에버리지cost average 효과를 기대할 수 있기 때문이다.

참고로 코스트 에버리지 효과는 주가가 장기적으로 항상 우상향한다는 전제하에 단기적으로는 오르든 내리든 그 변화를 예측하기 힘들지만 장기적 관점에서 봤을 때 마이너스 수익률이 상쇄되는 것을 말한다. 1년 이내의 단기투자로는 이러한 효과를 보기 어렵고, 3년 이상 장기 투자를 계획할 때 괜찮은 방법이다.

펀드를 추천하는 이유

직접 투자가 부담스러운 엄마들에게 펀드가 제격인 이유를 좀 더 구체적으로 알아보자. 크게 4가지를 들 수 있다.

첫째, 전문성이다. 하루 이틀 또는 한 주 이상 경제 공부를 하지 않더라도 아웃소싱을 맡긴 펀드매니저가 다 알아서 해준다. 우리는 펀드 운용사에 수수료를 내고 돈을 굴려달라며 의뢰했고, 개별 펀드에 대해서는 전문가들이 관리를 맡는다. 주식이나 채권의 종목을 고르고, 비율을 조정하고, 주식과 채권을 사고파는 모든 행위를 위탁했다고 볼 수 있다.

단, 전체적인 펀드별 포트폴리오 조정과 매수, 매도의 결정 주체는 결국 나다. 한마디로 숲은 내가 보고, 나무 관리는 전문가에게 맡기는 셈이다.

둘째, 소액 투자가 가능하다. 부동산을 알아보려면 최소 천 단위, 많게는 억 단위 이상의 자금이 필요하고, 주식이나 채권도 일정 금액 이상의 목돈이 필요하다. 그러나 펀드는 적은 돈으로도 투자할 수 있다. 심지어 적립식 펀드는 적금처럼 월급통장에서 자동이체 시키기만 하면 된다. 만약 자신이 경제 공부를 통해 추이를 볼 안목을 갖췄다면 자유적립식으로 추가매수를 해보는 방법도 좋다. 많이 떨어질 때 목돈을 붓는 기술을 써볼 수 있기 때문이다.

셋째, 시공간의 분산투자다. 매달 추가 금액을 넣는다는 의미가 시간적 분산이며, 위험도에 따라 주식·채권 등 섹터별로 다양하게

나누는 것은 공간적 분산이다. 이러한 투자 방법은 위험을 최소화할 수 있다는 점에서 장점이 된다.

넷째, 펀드로 쇼핑을 대신할 수 있다. 보통 사람들은 내면의 공허와 마주치지 않으려고 무의식적으로 물건을 사는 행위를 할 때가 많다. 그래서 밤새 장바구니에 물건을 넣었다 빼느라 잠을 제대로 못 자기도 하고, 주말에 쇼핑하러 다니느라 체력이 방전되기도 한다. 그런데 펀드를 고르는 것으로 소비의 감정을 대체할 수 있다. 예를 들어 고급 브랜드 백이 너무 갖고 싶으면 럭셔리펀드를 사고, 가고 싶은 나라가 있다면 그 나라에 투자하는 펀드를 사보도록 하자.

펀드는 어떤 식으로 수익을 얻을까?

어렵게 생각하지 말고 소액으로 적금을 몇 군데 들어둔다고 생각해보자. "은행에서 추천하는 상품을 들면 안 되나요?" 초보자이거나 한 번도 펀드를 안 해본 사람에게는 은행의 추천으로 시작해도 무관하다. 물론 은행 직원도 본인 실적 때문에 권유하기 때문에 상품에 대해 잘 모를 때가 많다. 또한 펀드 판매 수수료가 다른 상품에 비해 높을 수밖에 없는 건 예대 마진 외 수익이 필요한 은행 입장에서는 펀드 판매는 좋은 수익원이기 때문이다.

설령 이 펀드가 마이너스가 났다 해도 은행 책임은 없지만, 일부러 나쁜 펀드를 팔았다고는 생각하지 말자. 펀드매니저(기획 및 운영자)도 앞날을 예측하기 어려운데 은행(판매자)은 더 어렵지 않겠는가? 오히려 좋은 점은 가입이 편리하다는 것과 금융 트렌드에 대한 감을 익히기 좋다는 것, 펀드 자금 확보가 좋으니 운용에 유리할 것이라 기대할 수 있다는 것 등이다.

그렇다면 펀드는 어떤 식으로 수익을 얻을 수 있을까?

첫째, 시세 차익이다. 펀드가 투자한 주식 종목이나 채권의 시세가 오르내림으로써 그 차이만큼 이득을 보는 게 가장 보편적인 펀드의 목적이다.

둘째, 주식 배당 수익이다. 펀드에 편입되어 있는 주식 종목 중 기업에서 주주들에게 연평균 2% 수준의 배당을 준다면 펀드 가입자도 비율만큼 받을 수 있다. 배당을 주요 목적으로 하는 배당주 펀드는 평균보다 1~2% 정도 더 높은 배당 수익률을 올리기 때문에 인기가 많다.

셋째, 채권 이자 수익이다. 역시 펀드에 편입되어 있는 채권에서 발생하는 이자로부터 얻을 수 있는 이익이다. 채권은 기업이나 정부에서 돈을 빌릴 때 발행하는 차용증서와 유사한 것이다. 여기서 3~6개월마다 지급되는 약속된 이자를 하루 단위로 계리해 수익으로 넣어준다.

넷째, 환차 손익이다. 해외투자펀드의 경우 원화가 아닌 달러나 유로, 엔화 등으로 환전해서 투자한다. 자연스레 투자 시점 환율과 환매 시점의 환율 차이로 인해 손익이 발생한다.

펀드의 기본 용어, 어렵지 않다

이제 마음먹고 펀드에 가입하려고 검색하는 순간, 다시 자신의 무지를 깨닫고 창을 닫는 경우가 많다. 대부분의 사람이 외계어마냥 복잡한 펀드명에 주눅이 들어 '이렇게 복잡한 건 공부 좀 하고 해야 할까봐'라며 언젠가는 꼭 공부해서 다시 펀드를 찾을 사람처럼 슬며시 펀드와 멀어져간다. 알고 보면 그렇게 어렵지 않은데도 말이다.

주식형 펀드는 주식 및 주식과 관련된 파생 상품에 60% 이상 투자하는 펀드로 위험도가 높은 편이다. 특히 인덱스index 펀드는 주가지수와 연동된 펀드로 코스피200, S&P500, 닛케이225 등을 따라간다. 다시 말해 인덱스펀드는 시장에 맡기는 것이고, 액티브펀드는 사람에게 맡기는 것이다.

채권형 펀드는 국공채, 회사채 같은 채권 및 채권과 관련된 파생 상품에 60% 이상 투자하는 펀드로 비교적 안정성이 높다. 한편 혼합형 펀드는 말 그대로 주식형펀드와 채권형 펀드를 섞어놓은 펀드다. 주식혼합펀드는 주식 투자의 비중이 더 높고, 채권혼합펀드는 채권 비중이 더 높다.

재간접펀드는 다른 펀드에 다시 투자하는 펀드로 '펀드 오브 펀드fund of fund'라고 한다. 시장에서 검증된 펀드만 골라서 투자할 수 있는 장점이 있는 반면에 이중구조이기 때문에 제반 비용이 더 든다는 단점도 있다.

실물펀드는 석유·구리·금·농산물 등의 실물에 투자하는 펀드다. 부동산펀드는 부동산 투자나 부동산 관련 리츠가 구성인 펀드다.

여기까지는 이름만 봐도 이해할 수 있는 내용이다. 이번엔 펀드 명 뒤에 붙은 영어들에 대한 궁금증을 풀어보자.

'Class – A,B,C,e', 여기서 class는 수수료를 떼어가는 방식을 말한다. A는 수수료를 선취로, B는 후취로, C는 수수료는 없으나 보수가 높은 상품을 의미하고, 뒤에 Ae, Ce처럼 e가 붙는 건 인터넷 전용이라는 뜻이다. A는 돈을 넣을 때마나 수수료가 먼저 떼이기 때문에 장기적으로 유리하고, C는 보수가 높은 편이라서 단기로 운용하는 편이 낫다.

회사가 적자를 기록하더라도 직원들 월급은 반드시 줘야 하듯 펀드 역시 수익률이 적자가 되더라도 수수료와 보수는 반드시 나간다. 수수료와 보수 등 부대비용을 아끼려면 어떻게 하면 좋을까? 금액이 클수록, 기간이 길수록, 그리고 선취 수수료일 때, 인터넷을 통해 가입한다면 가능할 수 있다.

솔직히 결론만 말하자면 펀드에서 용어는 잘 몰라도 된다. 수수료를 언제 떼냐, 안 떼냐가 문제가 아니라 수익률이 목표 수익률 이상 될 펀드를 고르는 것이 더 중요하다. 즉 수수료를 어떻게 가져가느냐에 대한 것보다 어떤 펀드를 선택하고 어느 시점에 환매하느냐가 더 중요하니 펀드를 선택하는 법, 그리고 관리하는 방법을 구체적으로 알아보자.

좋은 펀드를 고르려면

앞서 우리는 펀드매니저를 간접 고용한다고 했다. 우리가 펀드를 고른다는 것은 펀드매니저, 더 넓은 의미로는 펀드운용사와 펀드에 대한 면접에서 시작한다. 그럼 이제부터 당신은 면접관이고, 면접시 반드시 체크해야 하는 몇 가지 항목을 알아보자.

첫째, 운용사의 운용 철학과 시스템이다. 우리나라 투신운용사 설립 자본 요건이 100억 원 이상이기 때문에 진입장벽이 상당히 높다. 그래서 대기업이나 금융기관 계열사가 대부분이다. 이러한 거대 조직의 특성상 본인의 업무와 크게 연관이 없는 업무를 하게 되는 경우가 있고, 뛰어난 펀드매니저가 성장하기 어려운 환경도 많다.

고객 입장에서는 조직이야 어찌 되었건 내 소중한 돈이 잘 불려 나갔으면 하는 바람일 것이다. 그러나 결국 내 소중한 돈을 불리는 건 사람이다. 때문에 그 속에서 일하는 사람과 조직문화가 중요하다. 무엇보다 먼저 회사의 운용 철학과 인적 구성, 시스템 등 보이지 않는 것들을 사전 체크해보자.

둘째, 운용사의 대표 펀드 수익률을 따져보자. 오랜 기간 누적된 수익률이 안정적이라면 내 펀드 포트폴리오의 기본으로 넣어도 괜찮다. 회사 간판 종목이기 때문에 사측에서도 주의 깊게 신경 쓰고, 가장 우수한 펀드매니저가 배치되어 있을 확률이 크다.

셋째, 단기와 중기 수익률을 동시에 보고 미래 수익률을 예측하

자. 최근 1년, 이전 3개월 수익률이 높다고 앞으로도 수익률이 높다는 보장은 없다. 앞으로도 좋을 펀드를 고른다는 것은 내가 현재 경제를 이해하고 판단하는 수준에 달렸다. 과거의 데이터와 현재의 경제 상황, 그리고 미래 산업과 무역 관계를 예측하는 안목을 꾸준히 높여야 한다.

실전 펀드 투자, 이렇게 해보자

준비를 마쳤다면 엄마들이 쉽게 따라 해볼 수 있는 펀드 투자법을 소개한다. *매달 일정 금액을 적립식으로 여러 펀드에 넣어 위험을 분산하고, 목표 수익률에 도달하면 환매해 안전 자산인 예금으로 옮긴다. 그리고 새로운 펀드를 편입시키기를 무한 반복하는 방식이다. 소액과 3년, 그리고 적립식이 가장 좋다.*

마치 시장에서 병아리를 여러 마리 사서 잘 키운 다음 먼저 큰 순서대로 장에 내다팔아 돈으로 바꿔 은행에 넣는 것과 같은 시스템이다. 병아리에게 좋은 먹이를 주고 잠자리를 잘 보살펴줘야 하듯 펀드 역시 의사결정 과정에서 경제 흐름을 놓치지 않고 공부하는 부지런함이 필수로 수반되어야 한다.

펀드의 개념이 이해되었는가? 그렇다면 지금부터는 실전의 프로세스process를 타보자. 크게 4단계로 프로세스를 나눌 수 있다.

1단계: 펀드 기간과 목표 수익률을 정한다

기본적으로 펀드 기간은 3년, 목표 수익률은 8%를 생각한다. 시장 현금 유동성이 높고 주가 지수가 높다면 이보다 더 빨리, 더 높은 수익률을 거두고 환매할 수도 있다.

2단계: 펀드를 선정한다

앞서 설명한 좋은 펀드 3대 요건을 우선 고려한 다음 포털사이트에서 '펀드 수익률'을 검색하거나 금융투자협회에서 운영하는 펀드다모아(http://fundamoa.kofia.or.kr/)에서 1개월, 3개월, 1년, 3년 단위의 펀드 수익률을 조회한다. 과거의 수익률이 미래 수익률을 보장해주지는 못하지만 참고할 수는 있다. 여기서 펀드별 설정액이 너무 낮거나 너무 오래전에 수익률이 높았던 상품은 제외한다.

10개 펀드를 최종 선정한다는 생각으로 본인의 성향에 따라 주식형·채권형·혼합형을 국내와 해외로 각각 고르고, 실물자산형을 추가로 담는다. 그리고 인덱스펀드는 꼭 하나 넣자. 수수료가 거의 없고 우상향할 가능성이 높기 때문에 자녀 교육비나 연금 목적으로 장기투자하는 것을 추천한다. 도저히 난 모르겠다 싶으면 펀드 순위 베스트 1위에서 10위까지 전부 넣어도 좋다.

3단계: 펀드에 가입한다

월급에서 얼마를 펀드에 투자할 수 있는지 따져본다. 100만 원이라면 '10만 원씩×10개 펀드', 200만 원이라면 '20만 원씩×10개

펀드'로 나눠서 자동이체를 설정한다. 가능하면 자동이체 설정일
은 월급날과 가까운 21~26일 사이를 피하자. 통상 이 시기에 적립
식 펀드로 자금 유입률이 높기 때문에 주가가 올라가는 경향이 있
다고 한다. 그래서 차라리 월초로 설정하면 좀더 낮은 가격의 주
가가 반영되어 수익이 좀더 올라간다.

펀드 가입 방법은 근처 은행이나 증권사에서 선정한 종목 리스
트 10을 가입해도 좋고, 해당금융사 사이트에서 온라인으로 가
입도 가능하다. 또는 펀드만 전문적으로 판매하는 펀드수퍼마켓
(http://www.fundsupermarket.co.kr)을 이용하면 수수료에서 좀더 이익
을 볼 수 있다.

4단계: 펀드를 환매할 차례다

환매를 고려해야 하는 시기는 목표수익률에 도달했을 때와 해
당 펀드의 상품성이 하락한 경우다.

우선 목표 수익률 8%를 넘었고 앞으로 떨어질 시장상황이라면
환매한다. 단, 펀드 자체가 단기간 내 올라 성장 사이클에 진입했
다면 좀더 지켜보다가 환매하는 것이 낫다. 수익률이 8% 미만이
거나 심지어 마이너스라면 계속 펀드를 유지하며 회복될 때까지
추가 매수를 지속한다.

펀드 상품을 의심해봐야 할 때는 자산규모가 지속적으로 하락
하거나 펀드매니저가 자주 교체될 때다. 기타 젠센의 알파지수나
벤치 마크, 샤프지수 등의 확인을 통해서도 알 수 있다. 환매한 자

리에는 새로운 펀드를 신규 편입시키고, 환매해 찾은 자산은 안전하게 예금으로 옮긴다.

5단계: 반복한다

소득이 주기적으로 들어오는 기간에는 1~4단계 프로세스를 지속적으로 반복하며 펀드의 규모를 키우고, 환매한 금액은 안전 자산인 예금으로 옮겨준다.

나만의 펀드 운용 프로세스

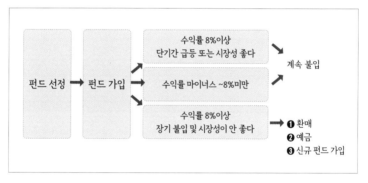

우리가 지금 힘든 이유는 목표와 현실 사이의 격차가 크기 때문이다. 나는 부자로 살고 싶은데 '소득 = 소비'의 굴레에서 벗어나지 못하고 있다. 챗바퀴처럼 도는 이번 한 주가 끝나면 또 다른 일주일이 시작된다. 이렇게 일주일이 52번만 놀아가면 1년이 지나고 나는 나이를 먹는다. 그 격차를 줄여나가고 싶지만 무엇을 어떻게 해야 하는지 알 수가 없어 계획도 어렵고, 실행도 어렵다.

시작하기가 두렵더라도 우선 하면서 다음은 그때 생각하자. 모르면 배워가면서 해도 괜찮다. 나중의 언젠가로 미루지 않고 당장 3만 원, 5만 원이라도 펀드 포트폴리오를 만들고 시간과 싸워보자.

심플한 돈 공부③
주식

주식의 가격을 움직이는 것은 금리와 환율에 따른 자금 수급과 기업의 실적에 따른 배당률, 그리고 미래 전망이 주된 요소다. 그러나 가장 중요한 것은 심리다.

주식은 16세기 네덜란드 동인도회사에서 최초로 발행했다고 한다. 당시 유럽에서 아시아와 무역을 위해 배와 선단을 꾸려야 했는데, 그 비용이 막대했기에 자본이 부족했다. 또한 선박 운행 중 파도로 인해 좌초되기라도 하면 회사가 파산될 위험도 있었다. 그래서 네덜란드 왕실은 자국민들의 투자를 받아 회사를 운영해 그 이익과 위험을 나누면 되겠다고 판단했고, 투자자를 모집했다.

그런데 누가 얼마를 냈는지 알아야 이익도 공정하게 배분할 수 있지 않겠는가? 그래서 주식이라는 권리 증서를 만들어 투자한 금액만큼 나눠줬던 것이 주식의 시작이다.

오늘날까지 주식株式은 회사가 자금을 마련하기 위해 발행한 증서로 쓰이며, 주주株主는 자신이 보유한 주식 금액에 비례한 책임과 영향력을 행사할 수 있다. *여기서 주식의 본질을 정리해본다면, 주식을 통해 자본금을 확보한 기업이 이익을 배당금으로 주주들에게 돌려주고, 기업이 성장해 주식의 가치가 올라가면 주식 자체를 팔아 차익을 낼 수도 있다는 점이다.*

주식의 개념을 이해하자

자본금 50억 원인 회사를 주주 5명이 10억 원씩 내서 세운다고 했을 때, 주식 1개당 가격(액면가)을 5천 원이라고 하면 총 100만주의 주식을 발행하고 각 20만주씩 소유한다. 이 회사가 성장해 더 많은 자본금이 필요하면 주식을 더 발행해 돈을 끌어와야 한다. 이때에는 기업을 공개해 자본금 모집을 공고하는데 이를 '공모公募한다'고 하며 공모주를 발행한다.

흔히 시총이라고 말하는 '시가총액'은 그 회사의 주가에 주식수를 곱한 값이다. 주가 변동에 따라 시총은 매순간 변한다.

액면가 X 주식수 = 자본금

주가 X 주식수 = 시가총액

이렇게 상장한 주식은 주식시장에서 기업의 매출실적과 가치에 따라 더 높거나 더 낮은 가격에 거래한다. 이때에도 매수 희망가과 매도 희망가가 맞으면 거래가 이루어지는 수요와 공급에 따른 가격 원리를 적용할 수 있다.

주식의 가격을 움직이는 것은 금리와 환율에 따른 자금 수급과 기업의 실적에 따른 배당률, 그리고 미래 전망이 주된 요소다. 그러나 가장 중요한 것은 심리다. 사람들은 주가가 떨어지면 공포에 쌓여 과도하게 매도하며, 장밋빛 전망이 있으면 너도나도 따라 매수한다. 이러한 심리적 요인도 작용하고 있음을 꼭 기억하고, 자신만의 원칙을 세워 시장에 대응해야 한다.

주식을 공부해야 하는 이유

우리나라는 여전히 부동산에 대한 선호도가 주식보다 높은 편이다. 아파트는 대출 받아 사는 게 당연하지만 주식을 대출 받아 사겠다고 하면 미쳤다는 소리를 듣기 십상이니 말이다. 그만큼 변동성과 위험성이 높은 것이 주식이다.

그럼에도 불구하고 현재 주식에 대한 선호도가 높아지고 있는데, 왜 그럴까? 우선 상장 기업수가 많아졌고, 해외수식에 대한 직접투자가 쉬워졌기 때문이다. 또한 적립식 펀드와 국민연금 불입액이 누적되면서 자연스레 국내 주식시장이 팽창하고 있기 때문이다. 무엇보다 지금 세대들은 유동성이 떨어지는 자산보다 주식을 공부하고 직접 거래하는 비중이 날로 늘어 개인 증시 거래대금 비중이 70%를 넘어섰다(2018년 1월 기준). 또한 퇴직연금 제도 활성화와 가상화폐 규제 및 부동산 규제로 인해 증시에 자금 유입이 지속적으로 늘어나고 있으며, 최근에는 북핵 리스크 완화로 외국에서 국내 주식을 보는 시각이 좋아지고 있다.

지금껏 펀드를 통해 주식을 간접 경험해보았고 주식의 개념을 이해했다면, 이제 다음은 직접 주식에 투자할 차례다. 주식을 시작해보기로 마음먹으면 항상 말리는 사람이 있다. 바로 부모님이다. 의욕적으로 펀드나 주식을 시작했던 주위 후배들도 착한 딸 콤플렉스의 굴레에서 벗어나지 못해 중도에 투자를 포기하는 경우가 대다수였으니 말이다. 이럴 경우 부모님의 걱정을 덜어드리기 위해 내가 썼던 몇 가지 멘트들을 공유해보려 한다.

첫째는 금리다.

"엄마, 90년대에는 금리가 10%가 넘었잖아. IMF때는 30%까지도 올랐고."

"그래, 요즘은 은행에 1어 원을 맡겨둬도 이자가 월 15만 원이 안 되더라."

"맞아. 엄마는 연금 보완으로 예금이자를 받고 싶은데 생각처럼 안 되지? 마찬가지로 우리 세대 역시 지금 금리로는 저축으로 돈을 불리는 게 어려워. 단지 안전 자산으로 생각해서 은행에 넣지. 그러면 인플레이션 따라가기도 버거워. 예전처럼 예금금리가 12%

였던 때에는 1억이 2억이 되기까지 6년이면 가능했어. 그렇기 때문에 엄마는 굳이 주식 안 해도 그만인 셈이었지. 하지만 지금 1%대 금리에서는 예금만으로 1억이 2억이 되기까지 무려 72년이라는 시간이나 필요해."

"그럼 생전에 원금의 2배가 채 못 되겠네. 예전 우리 시대 금리 상식으로는 지금을 이해하면 안 되는 거구나."

둘째는 자영업의 어려움이다.

"엄마, 은퇴한 뒤 사람들이 가장 많이 하는 자영업이 뭐지?"

"편의점이나 프랜차이즈 카페 또는 음식점이지."

"그럼 큰 틀에서 보면 프랜차이즈도 기업 수익원의 한 부분이고, 일반 자영업의 경쟁 상대도 골목 상권까지 파고 들어오는 기업이잖아. 즉 어떤 형태로든 개인이 기업을 이기는 건 정말 어렵지. 그래서 노후를 생각한다면 기업에 직접 투자하는 것도 괜찮은 방법이야. 그게 바로 주식이지."

셋째는 코스피 그래프다.

"엄마, 일시적으로 1997년 IMF 경제 위기와 2008 미국 서브프라임 사태 때문에 우리 나라 주식이 크게 급락했었지. 또 북한이 미사일을 쏠 때마다 주가도 출렁였었고."

"그랬지. 그때 나라가 어떻게 되는 줄 알았어."

"코스피가 떨어진다고 불안한 심리로 주식을 싸게 팔아버리면 현금을 가지고 있던 사람들이 기회라고 생각해 마구 사들이지. 만약 내가 시험 망치면 엄마는 나 포기할 거야? 아니잖아. 소고기국

끓여주고, 기분 풀고 오라고 용돈도 더 줬잖아. 우리나라가 망하지 않고 계속 성장할 것이라는 믿음만 있다면 주식이 효자 노릇을 할 거야."

위와 같이 차분히 시간을 들여서 충분한 설명과 함께 이해를 구할 수 있기를 바란다. 가족이나 부모님의 이해 없이는 장기적으로 투자하는 게 쉽지 않을 수도 있기 때문에 꼭 한 번 시도해보자. 한 방을 노리는 투기가 아닌 장기적으로 성과를 낼 수 있는 투자를 하겠다고 말이다.

꼭 알아야 할 주식 용어

어떤 일이든 용어를 모르면 두려움이 크다. 특히 주식에 관한 뉴스나 종합지표를 봐야 흐름도 이해하고, 유망종목도 선택할 수 있다. 처음 시작하는 주식에서 접하게 되는 용어들에 대해 먼저 알아보자.

증권 뉴스에서 제일 먼저 나오는 소식은 코스피^{Korea Composite Stock Price Index; KOSPI}와 코스닥^{Korea Securities Dealers Automated Quotation; KOSDAQ}지수다. 2018년 12월 기준 KOSPI에는 789개사 921종목이 상장되어 있으며 시가총액 1,389조다. KOSDAQ은 1,306개사 1,321종목에 시가총액 230조가 투자되고 있다. 이들의 전체 시세 흐름을 한눈에 파악하기 위해 종합주가지수를 관리한다.

코스피KOSPI = 비교시점 시가총액 / 기준시점 시가총액 ×100

; 코스피 기준 시점은 1980년 1월 4일이고 기준지수는 100,

시가총액 = 주식 수 X 현재 주가

*주식 투자의 본질은 기업이 투자받은 자금으로 매출을 일으켜 보
다 많은 이익을 내고 주주들에게 배당해주는 데 있다. 그렇게 하기
위해서는 그 기업의 펀더멘탈*Fundamental, 근본 가치*이 괜찮은지 확인해봐
야 한다.*

투자자는 먼저 회사의 지표로 펀더멘탈을 확인하고 미래 가치
를 더해 예상 주가를 결정한다. 예상 주가보다 현재 주가가 싸면
매수하고, 비싸면 매도하는 방식이다. 주식투자의 핵심은 좋은 주
식을 좋은 가격에 매입하는 것이다. 좋은 주식을 고르기 위해 확
인하는 지표 중 대표적인 3가지PER, ROE, PBR에 대해 좀더 알아보자.

PER (이익 대비 주가가 낮은지, 가성비)

PERPrice earning ratio; 주가수익비율은 1주당 가격이 수익의 몇 배인지 나타
내는 지표다. 주식이 현재 이익에 비해 싼지 비싼지 판단하는 근
거가 되기 때문에 가장 중요한 지표다.

10억 원짜리 건물에서 1억 원 월세를 받는다면 이 건물의 PER
는 10억을 1억으로 나누면 10이다. 만약 10억짜리 건물에 연 2천
만 원 월세를 받는다면 이 건물의 PER는 50이다. 따라서 PER가
낮으면 이익에 대비 건물 값이 낮게 매겨진 셈이라 저평가되어 있

다는 의미로 해석할 수 있다. 반대로 PER가 높으면 이익 대비 주가가 높아 비싼 상태라고 해석하면 된다.

"그 주식은 지금 퍼(PER)가 몇 배야? 뭐, 5배? 그럼 싸네."

업종별로 차이는 있지만 일반적으로 PER가 10 이하인 주식을 저PER주로 분류한다. 아무래도 PER가 낮으면 이익 대비 주가가 저평가되었다는 것을 의미하므로 앞으로 상승할 가능성이 높기 때문이다.

PER = 시가총액/순이익

ROE (기업의 수익성)

ROE^{Return On Equity; 자기자본이익률}는 자기 자본으로 1년에 얼마만큼의 이익을 냈는지를 나타내는 지표다. 예를 들어 은행에 10억을 넣었을 때 1년에 3천만 원의 이자를 받는다면 이자율이 3%다. 이와 동일한 개념이 ROE라고 볼 수 있다. 때문에 ROE가 예금금리보다 낮으면 의미가 없고, 채권 금리보다 높으면 양호한 편이다.

ROE = 순이익/순자산

PBR (기업의 청산 가치)

PBR^{Price Book-value Ratio; 주가순자산비율}은 기업의 시가총액대비 순자산의 비율이다. 현 시가총액보다 순자산이 많아야 기업이 망해도 청산

할 때 주주들이 손실을 보지 않는다는 의미다. 즉 분모인 순자산이 시가총액보다 많은 값일 경우 이 PBR은 1보다 낮아진다. 이때 자산대비주가가 저평가되어 있다고 보고, 주식을 매수하면 안전 마진Marin of safety를 확보하고 갈 수 있다. 투자에서의 안전 마진이란 어떤 주식의 내재 가치와 시장 주가 간의 차이를 말한다.

PBR = 시가총액/순자산

PER, ROE, PBR의 상관관계
이 3가지 지표의 상관관계는 다음과 같다.

PER X ROE = PBR
시가총액/순이익 X 순이익/순자산 = 시가총액/순자산

PER는 10 이하인지, ROE는 은행 이자보다 높은지, PBR는 1보다 낮은지 확인한다.

위의 3가지 지표는 주식의 정량적 분석을 위해 반드시 체크해야 할 사항이다. 꼭 이 지표에 다 해당된다고 수익이 보장된 주식이라고 할 수 없고, 지표는 나쁘지만 성장 가능성이 높은 주식도 많다. 지표는 투자를 결정하는 데 필요한 서류심사 정도라 생각하자. 이후 인성면접은 오너의 마인드와 기업문화, 비전 등으로 판단하고, 프레젠테이션 면접은 기업의 사업보고서를 참고하자.

주식은 개별 종목에 직접 투자한다는 의미에서 펀드보다 많은 노력이 필요하다. 게다가 일과 살림, 육아를 직접 투자와 병행하기란 쉽지 않기 때문에 전략을 짜야 한다.

기술적인 측면에서 단기적으로 투자하는 것은 아무래도 어렵다. 장기적 관점에서 기업의 내재가치를 분석해 분산투자하는 가치투자를 추천한다. 한정된 시간과 에너지를 분산시키지 않으려면 몇 가지 종목에 집중하는 게 유리하기 때문이다.

좋은 주식을 선정하는 법

기업의 펀더멘탈을 지표로 확인했다면, 다음은 정성적으로 기업을 평가해보자. 장기적으로 안정적이며 주가가 우상향할 가능성이 높은 주식을 찾는 방법을 몇 가지 소개하자면 다음과 같다.

첫째, 시장이 앞으로 확대되는 업종의 기업이다.

"큰물에서 놀아라." 부모들이 지식을 유학 보낼 때 자주 쓰는 말이다. 넓은 세상에서 더 많은 경험을 하고 배워서 큰 기회를 잡으라는 말인데, 주식도 매출 규모가 늘어날 업종에 투자하면 자연스럽게 주가도 오른다. 시장에서 겨우 매출을 유지 또는 줄어들고 있는 사양 산업보다는 IT, 기술주, 게임, 바이오 , 배터리 등 전망이 좋은 기업이 약간의 등락은 겪더라도 꾸준히 성장할 것이라고 예측할 수 있다.

둘째, 독점이거나 1위 기업이다. 해당 업종에서 독과점이거나 후발주자가 따라올 수 없을 정도의 독점적 지위에 올라선 기업을 의미한다. 보통 ROE로 확인할 수 있는데 경쟁군에 비해 월등히 높은 수치(10% 이상)가 나온다. 정부가 보호해 다른 경쟁 진입을 막은 기업으로는 한국전력, KT&G, 그리고 도시가스 관련주 등이 있다. 이들은 경쟁 없이 항상 안정적인 수익을 보장 받기 때문에 위험이 적은 편이다.

셋째, 배당금 지급률이 높다. 배당금이 높은 기업은 주주 친화적이고 주식의 본질에 대한 역할 이행을 잘하는 기업이다. 미국의 경우 매달, 매분기당 배당금을 지급하는 기업들이 많아 배당금 달력만 잘 만들어두면 연금처럼 생활비가 된다. 고배당 기업에 대한 투자는 시세 차익 외 예금이자처럼 배당금을 받기 때문에 주식이 떨어져도 배당금으로 재투자하며, 장기 보유가 가능하다.

넷째, 기업인의 인성과 조직문화가 좋은 회사다. 오너 일가의 갑질로 뉴스에 연일 오르내리던 기업이 있다. 갑질뿐만 아니라 회삿돈을 자기 돈처럼 쓰는 횡령, 자식에게 편법 증여, 사기 등의 마인드를 가진 대표라면 분명 주주의 가치를 깊게 생각하지 않음이 분명하다. 고로 몇 번의 사고가 터지고 주가는 회복 불능의 상태가 될 것이며, 이 주식에 대한 수요는 줄어들게 마련이다. 반대로 조직문화가 좋고 주주 친화적 마인드의 대표라면 주가의 미래가치에 대한 기대가 커진다.

한마디로 요약하자면 신뢰가 가는 회사를 고르란 뜻이다. 내가 이 회사에 입사할 수 없으니 대신 주식으로 사둔다는 심정으로 말이다.

실전 주식 투자, 이렇게 해보자

이제 본격적으로 주식 투자를 해보자. 크게 4단계로 구분하면 이해가 쉬울 것이다.

1단계: 주식 계좌를 개설한다

신분증을 가지고 은행이나 증권사에 가서 증권계좌를 개설하는 방법이 있다. 요즘은 비대면 서비스로 스마트폰에 앱을 깔고 주식 계좌를 생성할 수도 있으니 마음만 먹으면 당일 바로 주식거래가 가능하다.

2단계: 5개의 종목을 선정하고 목표가를 정한다

정량적·정성적 분석을 통해 5가지만 고른다. 목표가는 경제 상황이나 개인의 연령대에 따라 다를 수 있으나 보통 10~30% 수준으로 본다. 그 다음은 내가 원하는 가격에 살 수 있는지 가격을 확인한다. 주식창에 원하는 기업의 이름을 검색하고 그래프와 호가창이 뜨면 얼마의 금액으로 살까 정한다.

지정가, 시장주문가, 시간 외 종가매매가 있다. 보통은 내가 원하는 지정가를 입력하고 그 가격에 팔겠다고 내놓은 사람이 있으면 거래가 체결된다. 만약 없다면 미체결 상태로 있다가 장이 끝나기도 한다. 오늘 꼭 사야겠다면 시장주문가나 시간 외 종가매매로 시장에서 형성된 가격에 주문하는 것이 낫다.

3단계: 추가 매수를 한다

시장의 흐름을 보며 자금이 있을 때마다, 가격이 떨어질 때마다 추가 매수를 한다. 단, 추가 매수는 단순하고 기계적으로 매수를 하라는 것이 결코 아니다. 기업의 펀더멘탈은 견고한데 일시적 현상으로 주가가 떨어지는 경우를 잡으라는 뜻이다.

4단계: 매도한다

매도 시점은 이보다 더 좋은 주식이 나타나 5개 종목 포트폴리오에 변화를 주고 싶을 때다. 그 전에는 팔지 않고 보유한다. 단, 목표가에 도달했을 때는 매도하고, 단기 급등일 경우에는 매도한 후에 관망한다.

주식 시장 참여자는 누구인가?

마지막으로 주식 시장에 함께 참여하는 사람들이 누군지 살펴보자. 동지일 수도 적일 수도 있는 그들은 기관투자자, 외국인 투자자, 개인투자자, 이렇게 3종류로 나눌 수 있다.

기관투자자는 개인이나 법인으로 받은 자금을 운용하는 사람이다. 금융관련 전문 자격증과 고도의 지식을 갖춘 전문가들의 집단이며 연금기금, 투자신탁회사, 보험사, 은행 등에 소속되어 있다.

외국인 투자자는 외국 투자신탁 같은 전문회사들이다. 절대적인 매매 비중은 가장 작으나 정보력과 첨단 금융시스템으로 주식시장에 미치는 영향력이 매우 크다. 이들은 주가와 함께 환율 변동까지 동시에 비중을 두고 투자하기 때문에 국제 정세와 금리 변동에 따라 자금을 거둬간다. 일반적으로는 달러 가치가 상승하면 외국인은 매도에 비중을 두고, 달러 가치가 하락하면 매수에 비중을 둔다

개인투자자는 우리가 '개미'라고 일컫는 일반 투자자들이다. 거래 비중의 70%를 차지하지만 매매형태가 가지각색이기 때문에 기관이나 외인에 비해 주식시장에 미치는 영향력은 적다. 일확천금을 노리다가 투기꾼들이 쳐놓은 작전에 휩쓸리는 사람도 있고, 그저 열심히 회사를 다녔는데 자사주를 받아 본의 아니게 주식에 입문하는 사람도 있다. 공무원인데 월급을 아껴 꾸준히 국내 반도체 대기업 주식을 매수해온 방식을 쓰는 사람도 있고, 경제 위기마다 보유했던 외화예금을 깨서 주식을 사들이는 사람도 있다. 이렇게 개미들의 주식형태는 각자의 성격만큼이나 다양하다.

그래도 통상적으로 주식으로 수익을 얻으려면 외국인과 기관을 따라하면 된다고 한다. 그들은 수많은 정보와 데이터를 통해 냉철

하게 판단해 투자하기 때문에 주가 등락에 일희일비하는 개인투자자와는 다른 양상을 보이기 때문이다.

주식의 매력은 여러 사람의 자본을 모아 기업이 성장하게 만들고 그 이익을 공유하는 것이다. 본질만 믿고 따라간다면 시장의 소음에 몰려 급등과 폭락을 반복하는 데 광적으로 휩쓸리지 않게 된다. 누군가의 돈을 뺏고 뺏는 제로섬 게임을 목표로 투기를 하기보다는 주주로서 유유히 주식을 즐기면 좋을 것이다.

심플한 돈 공부④
ETF

일반 주식처럼 내가 직접 매수하고 매도할 수 있다는 것이 특징이다. 즉 주식과 펀드를 혼용한 하이브리드 형이다.

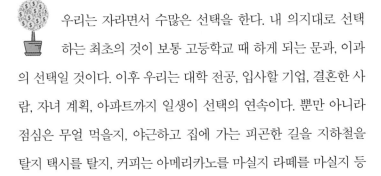

우리는 자라면서 수많은 선택을 한다. 내 의지대로 선택하는 최초의 것이 보통 고등학교 때 하게 되는 문과, 이과의 선택일 것이다. 이후 우리는 대학 전공, 입사할 기업, 결혼한 사람, 자녀 계획, 아파트까지 일생이 선택의 연속이다. 뿐만 아니라 점심은 무얼 먹을지, 야근하고 집에 가는 피곤한 길을 지하철을 탈지 택시를 탈지, 커피는 아메리카노를 마실지 라떼를 마실지 등 이런 사소한 것들도 선택을 해야 한다.

이러한 수많은 선택에서 자유로울 수 있도록 많은 발명품이 나왔다. 짬뽕과 짜장을 한 그릇에 내놓는 짬짜면, 안주거리 고민할 필요 없는 안주 세트 '아무거나', 6가지 다른 맛 조각을 한 판에 모아놓은 피자, 어떤 색깔 립스틱을 고를지 고민일 때 쓰는 립 팔레트까지 무궁무진하다. 사람들의 결정 장애를 해결해줄 수 있는 상품들을 주변에서 흔히 볼 수 있다.

무언가를 결정하는 것은 분명 다른 무언가를 포기해야 함을 말한다. 또한 당시 결정한 선택이 시간이 흘러 잘못된, 다른 길이었다는 결론이 나면 가보지 못한 다른 길에 대한 기회비용도 감당해야 한다.

미래 산업으로 바이오가 뜬다던데 제약사가 너무 많아서 어떤 것을 골라야 할지 모르겠다. 또는 은행주를 사고 싶은데 각각의 은행마다 장점도 있지만 위험^{Risk}도 있을 것 같아 선뜻 고르기가 힘들다. 주식에서 이런 선택의 고민이 좀처럼 끝나지 않는다면 ETF를 추천한다.

ETF의 탄생과 구조

1774년 네덜란드에서 '단결은 힘을 만들어낸다'라는 의미의 펀드가 나온지 200여 년이 지난 1993년, 뉴욕 증시에 최초로 ETF_{Exchange Traded Fund; 상장지수펀드}가 선을 보였다. ETF는 인덱스 펀드를 거래소에 상장시켜 주식처럼 자유롭게 거래할 수 있도록 만든 것을 말한다. *펀드처럼 소액으로 다양한 종목에 투자할 수 있고, 펀드매니저를 통하지 않고 일반 주식처럼 내가 직접 매수하고 매도할 수*

주식과 ETF 개념

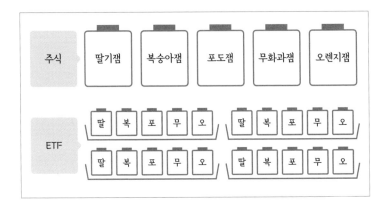

있다는 것이 주된 특징이다. 즉 주식과 펀드를 혼용한 하이브리드 ^Hybrid^형이라고 보면 된다.

운용사는 PDF^Portfolio Deposit File^이라는 바스켓에 종목들을 시가총액 순서대로 종목과 비중을 담는다. 그리고 1CU^Creation unit^라는 설정 단위에 따라 개인이 원하는 수량만큼 주문을 할 수 있다.

이해하기 쉽게 예를 들어보겠다. 어느 베이커리의 진열장에 300g짜리 잼병들이 나란히 놓여있다. 딸기잼, 포도잼, 오렌지잼, 복숭아잼, 무화과잼 전부 맛있어 보여 다 사고 싶다. 그렇지만 5병을 다 사기에는 돈도 부족하고, 유통기간 내에 다 먹을 수 있을지도 의문이다. 이때 직원이 30g짜리 소량잼 5개 패키지를 권한다. 여기서 300g짜리 잼들은 각 기업의 주식이고, 30g짜리 소량잼 5개 패키지는 ETF라고 보면 된다. 우리는 이 소량잼 패키지를 원하는 개수만큼 살 수 있어 부담이 덜하다.

ETF의 거래 원리를 이해하자

그렇다면 ETF 거래는 어떤 원리로 굴러가는 것일까? 예를 들어 A사 주식이 100만 원이고, B사 주식이 50만 원이라고 하자. 그 주식들을 자본금 1천만 원으로 어떤 회사가 각 A사 주식 500만 원 (100만×5주), B사 주식 500만 원(50만×10주)을 샀다. 그런데 그 어떤 회사가 새롭게 주식을 10주 발행했다면? 그 어떤 회사 이름의 주식을 시장 호가에 따라 사고판다. 즉 A와 B라는 회사의 기존 주식들을 모아놓고 껍데기를 하나 더 씌운 게 ETF다.

그래서 처음 ETF를 접하는 사람들은 ETF는 총 자산(보유한 주식의 시가총액)을 실시간으로 CU 수만큼 나눈 실질가격으로 거래해야 된다고 생각하기도 한다. 그러나 시장에서의 가격 결정 시스템은 주식과 동일하다. 매수와 매도의 호가가 만나는 지점에서 발생하는 가격이 바로 체결가다.

그렇다면 만약 호가와 실질가격인 NAV^{Net Asset Value; 순자산가치} 차이가 날 수밖에 없지 않는가? 이를 '괴리율'이라고 한다. 괴리율 차이가 많이 생기지 않도록 LP^{Liquidity Provider; 유동성 공급자}들이 호가를 내어 가격을 조정한다. LP는 일정 보수를 받으며 시장가와 NAV가 차이가 많이 나지 않도록 조정하는 역할을 한다. 이러한 괴리율이 적을수록 LP의 역할을 잘하고 있다는 뜻이기에 신뢰성이 높은 ETF라고 말한다.

또한 ETF에서의 분배금은 주식의 배당금과 동일어다. 해당 ETF

가 품고 있는 주식들의 배당금을 다시 분배금이라는 이름으로 ETF에서 나눠준다. 분배금은 배당금처럼 개인 계좌로 입금된다.

ETF를 왜 가성비 갑이라고 할까?

펀드 판매 수수료와 운용보수로 나가는 자금이 아깝다고 생각할 때가 있다. 예를 들어 코스피를 추종하는 인덱스펀드라든지 고배당 우량주 펀드는 솔직히 매입하고 장기보유해도 비슷한 효과를 기대할 수 있기 때문에 액티브펀드 의미가 무색하다. 그래서 고수들은 ETF로 직접 투자하는 것을 더 선호한다. 동일 기간 내 동일 금액으로 투자했을 때 비용이 훨씬 덜 들기 때문이다.

첫째, 펀드에 비해 ETF 수수료가 낮다. 대부분 액티브펀드 수수료가 1~2%임에 비해 ETF의 수수료는 0.05~0.9%이니 거의 1/10의 가격이다. 심지어 요즈음은 경쟁이 심해져 ETF 펀드 수수료 무료 상품까지도 등장하고 있다. ETF 수수료가 이토록 저렴할 수 있는 이유는 펀드매니저가 사고팔며 수익을 올리는 게 아니라 해당 지수를 따라 자동으로 따라가기 때문이다. 그리고 매수와 매도는 실시간으로 내가 직접 하고 있지 않은가. 그렇기 때문에 수수료가 거의 없다.

둘째, 거래세가 없다(국내 주식형 ETF). ETF도 주식처럼 거래하기 때문에 거래세가 붙어야 한다. 거래세는 2012년에 도입 예정이었지

만 아직까지 법안 개정을 추진하고 있지 않으니 자주 사고팔아도 주식보다 부담이 없다.

셋째, 매도 후 이틀 뒤 계좌로 입금된다. 주식과 동일하게 2일 뒤 매도 금액이 계좌로 들어오는데, 통상 펀드의 경우 7일이 걸리며 해외펀드는 그 이상 걸린다.

ETF 실전 투자, 이렇게 하면 된다

ETF는 2002년 3,444억 원으로 출범한 이후 급성장해 현재는 30조로 90배 정도 급성장했다. 저렴한 비용으로 투자할 수 있고, 펀드와 주식의 장점을 고루 갖췄기 때문이다.

ETF 실전 투자에 앞서 재차 강조하고 싶은 것이 있다. 어떤 투자라도 당장 급한 돈, 빌린 돈, 연금이나 저축이 아닌 돈으로 해야 한다는 것이다. 다시 말해 여윳돈으로 한다고 생각해 접근하자. 그래야 시장이 하락해도 이성적으로 대응이 가능하고, 과감한 투자도 한 번씩 해볼 수 있기 때문이다. 이를 명심하고 ETF 투자 프로세스 3단계에 따라 신중히 투자해보자.

1단계: 투자할 ETF 3개 종목을 정한다

코스피를 추종하는 대표 ETF를 한 개 담고, 나머지는 국내외 제 4차 산업 기술주나 바이오·화장품·은행 등 본인의 성향에 맞는 걸로 담는다. 나이가 젊다면 다소 떨어지더라도 회복 기간이 있기 때문에 공격적인 주식 위주로 구성하고, 은퇴 후 자산이라면 안정적으로 채권 위주가 좋다.

2단계: 자산 배분과 목표 수익률, 타이밍을 결정한다

ETF에 얼마나 비중을 가져갈 것인지 정한다. 그리고 각 해당 상품들의 사이클을 고려해 진입과 매도 시기를 결정한다.

3단계: 꾸준히 계좌를 관리한다

만약 장기 적립식으로 운용하는 ETF라면 부화뇌동하지 않도록 마음관리를 하는 것도 필요하다. ETF는 원칙적으로 분산 투자를 하기 때문에 개별 주식에 따른 투자 손실 규모는 줄일 수 있다. 하지만 금융 위기 같은 전반적인 시장 가격 변동에 따른 하락 리스크는 피할 수 없으니 전체 자산의 일정 부분을 포트폴리오로 구성해야 한다.

가정을 위해 하루하루를 바쁘게 살아가는 엄마들에게 권할 수 있는 금융상품은 여기까지다. *전통적인 은행상품으로의 복리, 기업의 미래에 투자하는 주식, 전문가를 통한 펀드 투자, 주식과 펀드의 결합상품인 ETF까지.*

엄마로 살아왔던 나 역시 금융 투자 범위를 정했고, 십여 년간 꾸준히 수익을 보고 있다. 성공할 때도 있었고 실패할 때도 있었지만 중요한 것은 실패는 반성하되 포기하지 않았다는 사실이다. 내가 잘났다기보다는 성공과 실패는 그저 종이 한 장의 차이였음을 항상 염두에 두며 꾸준히 투자하면 된다. 나는 '내'가 해보았기 때문에 '남'에게도 권해볼 수 있다.

심플한 돈 공부⑤
아파트

인플레이션을 이기는 수준의 투자를 하기 위해서는 부동산이 좋다. 그 중에서도 환금성은 아파트가 역시 최고다.

지금까지 4개의 금융 투자를 둘러싼 돈 공부를 끝냈고, 마지막으로 부동산에 대해 알아보자. *인플레이션을 이기기 위해 실물자산으로 옮긴다는 개념으로 부동산에 접근하자.*

건물이나 상가매입은 임대소득과 시세차익을 동시에 잡을 수 있이 좋다. 그러나 수십억 원대의 자금이 필요하고, 공실 리스크를 감내할 수 있는 수준의 연소득이 보통 사람들에게는 없기 때문에 이 책에서는 언급하지 않겠다.

토지는 장기간 묻어둬야 하는 돈이 크다. 또한 경매에 접근하기에는 사전공부량이 많고 위험도가 높으며 부지런히 임장을 다녀야해 집안일을 하는, 또는 직장과 집안일까지 맡아 시간적 여유가 부족한 엄마들에게 맞지 않다. 오피스텔은 우후죽순처럼 계속 생겨나고, 대학가 원룸 임대도 기숙사와 청년 주택 확대로 공실 위험이 커져간다. 심지어 대학이 폐교로 없어져 버리는 경우도 있다. 그래서 선택한 부동산은 아파트다. 내가 살 집으로, 또 투자 이익을 동시에 누릴 수 있는 아파트를 어떻게 사야할지 여기에서 이야기해보겠다.

한국의 아파트는 뭔가 다르다

세계 어디를 가봐도 서울처럼 아파트가 많은 도시는 없다. LA 중심가의 고급 아파트, 도쿄 오다이바 인근의 맨션, 런던 한복판의 아파트, 파리 오페라 인근의 주상복합들은 멋지고 상당히 비싸다. 그 외에는 도시 외곽의 아파트로 서민이나 이민자들이 주로 생활한다.

외국은 이렇게 아파트의 양극화가 분명하다. 유럽은 오랜 역사를 가진 도심지를 밀고 새롭게 건물을 지을 리 만무하고, 미국은 땅이 드넓기 때문에 일부 대도시 외에는 공동주택에 살 필요를 못 느낀다고 한다.

하지만 서울은 다르다. 올림픽대로를 따라 김포부터 하남까지 강의 남과 북으로 전부 아파트다. 우리나라 주택 1,717만호 중 아파트가 1,038만호로 60.6%를 차지한다니 '아파트 공화국'이란 말이 틀린 말이 아니다(〈2017 인구주택총조사〉, 통계청). 한편으로는 국민 60% 이상이 아파트에 모여살기 때문에 우리나라는 음식 배달과 택배에 유리하다는 장점도 있다.

좁은 서울 땅에 효율적인 주거형태로 아파트가 발달했다. 1930년 최초의 아파트인 충정 아파트가 지어진 이후 지금의 미래형 아파트까지 다양한 아파트의 역사가 주변에서 공존하고 있다.

아마 우리들 대부분 아파트에서 자랐고, 계속 아파트에 살고 있을 것이다. 아파트는 단독 주택에 비해 관리가 편하고, 방범에 유리하다. 심지어 광폭 지하주차장, 멋진 조경, 수영장, 독서실, 헬스장, 카페 등 커뮤니티 시설까지 갖춘 현대식 아파트는 누구나 살고 싶어 하는 공간이자 수요가 따라붙는 투자 상품으로서 매력을 더해가고 있다. *부동산 중 거주와 투자를 동시에 할 수 있고, 규격화되어 가격을 결정하기 쉬워 부동산 중 거래가 활발한 안전자산이 바로 아파트다.*

아파트, 왜 사야 하나?

예로부터 부자는 땅을 소유한 지주였고 소작농으로부터 지대를 받아왔다. 부동산을 소유하지 않고서는 어쩌면 평생 누군가에게 지대를 주며 살아가야 할 운명일 수도 있다. 그래서 내가 살 집은 하나 있어야 한다는 말이고, 이왕이면 그 집이 실물자산으로서 가치를 가질 수 있어야 한다는 논리로 아파트에 투자하자.

생애 자산 설계에 있어서도 주택마련은 중요한 부분이다. 가족이 편하게 쉴 수 있고, 집주인 눈치 보지 않고 이사 다니지 않고 맘 편히 살 수 있는 목적으로 집은 꼭 있어야 하기 때문에 가치가 있다. 물론 저렴한 신축 빌라를 사는 게 경제적 부담도 적고, 마음 편할 수 있다. 무리한 대출이 없으니 삶의 질도 떨어질 리 없다.

빌라보다 투자 가치가 있는 아파트를 사지 않고 단지 실거주만 생각해 빌라를 고르는 경우를 경제학·심리학적으로 분석해 보았다.

먼저 경제학적 관점에서 봤을 때 실물자산 투자에는 실패했다고 본다. 인플레이션을 이기는 수준의 투자를 하기 위해서는 부동산이 좋은데 그 중에서도 환금성은 아파트가 최고이기 때문이다. 게다가 빌라에 비해 아파트는 대기 수요가 많기 때문에 가격 상승의 여지가 높다.

심리학적 측면에서는 '방어기제防禦機制'라는 용어로 설명할 수 있다. 방어기제란 불안한 감정을 없애기 위해 무의식적으로 취하는 태도를 의미한다. 그 태도들 중에는 욕망을 무시하는 행위가 있다. 어릴 때 읽었던 『이솝우화』의 '여우와 신 포도'에서 여우는 포도를 먹으려고 숱한 노력을 했음에도 불구하고 따먹을 수가 없자 '저 포도는 덜 익었을 거야'라고 스스로를 위로하며 단념했다는 이야기에서 답을 찾아볼 수 있다. 우리는 '집값이 떨어질 거야. 지금 들어가면 상투 잡는 거지' '저 집은 터가 안 좋은 거 같아'라며 스스로 아파트를 사지 않을 이유를 찾고 있는 건 아닌지 생각해보자.

그것이 아니라면 정말 아파트값이 떨어질까봐 걱정인가? 부동산은 심리와 정책의 싸움이다. 금리가 오르든 내리든 크게 상관없이 주변에서 집을 하나둘씩 샀다하면 따라 사는 사람들이 많고, 집 한 채를 사서 돈을 번 사람들이 이어서 두세 채를 사기도 한다. 이런 투자 성향이 유행처럼 퍼지면 노후준비를 위해 갭투자가 성행하며, 또 다른 방향으로 시장은 흘러간다.

이렇게 몇 차례의 거래 비용과 사람들의 기대심으로 거품이 끼지만 다시 제 값을 찾아가기 마련이다. 수요가 거의 없어 팔 수 없는 아파트가 아니라면 조정이 있을 수는 있어도 인플레이션에 의해 꾸준히 상승한다. 아파트를 둘러싼 토지 분양비, 건축비, 인건비 등 무엇 하나 가격이 오르지 않는 게 없는데 신축 아파트 가격이 10년 전으로 돌아갈 리는 만무하다. 그러니 적정한 시점에서 아파트를 사는 것은 투자와 동시에 제대로된 의식주를 마련하고 싶어 하는 인간의 기본 욕구 충족으로 이해하면 좋겠다.

만약 그래도 집을 소유하지 않겠다는 방침이라면, 다른 방법으로 그 수익률을 커버할 수 있도록 더욱더 노력해야 한다. 몸값을 더 올리도록 열심히 일하거나, 작은 사업체에 투자해 안정적인 매출을 올릴 수 있도록 하거나, 금융에 더 투자해 수익률을 올릴 수 있으면 다행이다. 제발 그 소중한 돈을 소비로 허무하게 날려버리지만 말자.

아파트의 공급과 수요

아파트 역시 수요와 공급에 따라 가격이 결정되는 재화다. 정부는 집값을 잡기 위해 내놓는 정책 중 가장 큰 것이 신규 택지 개발을 통한 공급의 확대다.

계속해서 늘어나는 서울 인구를 분산시키기 위해 분당·일산·중동·평촌·산본 1기 신도시를 만들고 2003년에 다시 김포·파주·양주·위례·판교·광교·동탄·평택·검단에 2기 신도시 건설을 발표했다. 지도를 보면 서울의 남동권, 북동권, 북서권을 위주로 다양한 신도시들이 자리 잡았고, 서남쪽으로 인천 송도에 새로운 도시가 건설되었다.

정부는 철도와 지하철 건설로 이들 도시와 서울 중심, 강남으로 오고갈 수 있는 인프라를 구축해주었고, 많은 기업이 들어갈 수 있는 산업단지도 개발했다. 또한 서울 중심지는 전면 재개발 방식이 아닌 주변 경관과 생활 불편을 해소할 수 있는 정비 사업 위주의 정책을 펼치고 있다.

수요가 높은 아파트는 어디인가? 소위 '돈 버는 아파트'를 정의해보자면 '지금 일반적인 사람들이 살고 싶어 하는 곳'과' 앞으로 자식에게 사주고 싶은 곳'이다. 즉 현재 시점에서 가장 좋은 곳과 미래에 좋아질 곳, 이렇게 2개의 지역을 함께 고려해보자.

실패하지 않는 아파트 투자 _ 현재 기준

아파트 투자에 실패했다고 생각하는 사람들이 좋아하는 지역을 먼저 정리해보자. 이상하게 자기가 산 아파트는 안 오르는 사람들이 하는 소리가 있다. 그들은 대부분 자기만족 위주로 집을 산 사람들이다. 그들은 이러한 잘못된 경험을 근거로 "아파트로 돈 버는 시대는 지났다"고 말하며 다른 사람들의 투자마저도 어리석다며 부정적으로 취급한다. 하지만 크게 연연치 말자.

"출퇴근길에 운동도 할 겸 높은 지대 위에 있는 아파트를 원해. 야경도 좋고 공기도 좋잖아. 겨울에는 애들이 썰매도 탈 수 있고."
→ 보통 유모차를 끌기에 좋거나 어르신들 보행이 편한 평지를 선호한다.

"주상복합은 상가 주차 차량 때문에 복잡하고 음식 냄새 날 거 같아서 별로야."
→ 주상복합은 교통이 편리한 역세권 상업지구에 들어와 편의시설이 많다.

"집 근처에 음식점이 많고 술집도 많아서 놀기 좋아."
→ 유흥주점은 야간 소음이 발생하고 청소년들에게 좋지 않은 영향을 준다.

"초등학교 옆 아파트는 애들 소리 때문에 소음이 심해."
→ 초품아(초등학교를 품고 있는 아파트)는 학부모들에게 인기가 많다.

"여기서 오래 살았는데 정말 살기 좋은 동네야. 집값이 안 올라서 그렇지."

→ 감정에 치우친 결론이다. 인지부조화로 인한 자기합리화다.

그렇다면 수요가 모이는 아파트는 어떤 것일까? 살기 좋은 곳은 기본이며, 대기 수요 요건까지 충족시킬 수 있어야 한다. 대기 수요는 투자자와 다른 동네에서 이사 오고 싶어 하는 입주 대기자들이다. 그런데 이러한 신호탄은 어떻게 감지할 수 있을까?

교통

교통이 좋다는 말은 서울, 특히 강남권 접근성을 말한다. 서울은 대부분 역세권이라고 할 수 있을 정도로 조금만 걸어 나가도 지하철역이다. 그래서 강남으로 직통하는 지하철에 더 가치를 쳐준다. 2호선 순환노선과 3호선, 7호선, 9호선이 가장 좋은 노선이라 할 수 있다. 수도권에서 강남권으로 들어오는 직행 노선인 분당선, 신분당선, 8호선의 역세권 아파트도 높은 가격을 형성하고 있다. 역세권은 역출입구에서 500m 내에 있는 아파트를 의미하는데, 심정적으로는 더운 여름날 초대받은 집에 수박 한 덩이를 사서 들고 역 출구에서 평지로 집까지 걸어갈 수 있는 수준의 거리다.

편의시설

요리하다가 간장 하나 사려고 100m 이상을 걸어나가야 한다면? 아이가 아파도 근처에 소아과가 없다면? 날씨도 덥거나 춥고

밥하기는 귀찮아 외식하고 싶은데 차타고 나가야 한다면? 집 근처 재래시장이나 큰 마트가 있고, 초등학생들이 다닐 수 있는 학원들과 주요 개인 병원들이 입점된 상가가 있어야 한다. 최근에는 대형 복합 쇼핑몰이 들어서는 지역에 대한 관심이 커지고 있다.

주변 환경

산이나 강 등의 조망권이 예전에 비해 더욱 주목받고 있다. 이유는 의식주 중에서 주(住)에 대한 관심도가 높아져서 집에 있는 시간의 가치를 추구하는 경향이 높아졌기 때문이다.

또한 부정청탁금지법과 주 52시간 근무제의 확대로 퇴근 시간에 도심에서 빠져나가는 숫자가 높아지고 있다. 대부분 퇴근 후 자기계발이나 가족과 함께 시간을 보내려는 사람들로, 집으로 돌아와 동네를 산책하거나 운동을 하고 서점에 가기도 한다. 이제는 온오프(on-off)가 확실한 워라벨 라이프가 대세다.

대단지, 브랜드

1천 세대 이상의 대단지 아파트는 지역의 랜드마크가 될 확률이 커서 불황에 쉽게 빠지지 않는다. 뿐만 아니라 입주민 수요만으로도 장사가 가능해 상권도 빨리 자리잡는다. 요즈음은 대단지일수록 아파트 커뮤니티도 피트니스센터와 어린이집, 독서실은 기본이고 사우나, 수영장 등의 규모가 있는 시설도 들어와 삶의 질을 높여준다. 또한 브랜드 아파트는 동일 입지의 일반 아파트에 비해 가격이 높다. 우수한 자재와 디자인 등 퀄리티 면에서 우수하고 AS가 좋다는 장점 때문이다.

학군

학군은 예전에 비해서 다소 인기가 식었다. 첫 번째 이유는 초중학교까지는 근거리 배정이고, 고등학교부터는 학군과 구역 내 지망 추천이기 때문이다. 또 대입 수시 비중 확대로 내신 등급을 고려해 특정지역 쏠림 현상이 줄어들고 있다. 두 번째 이유는 만혼이거나 싱글족이 늘어나 지속적으로 줄어드는 학생 수 때문에 학군 수요층 자체가 줄었기 때문이다. 즉 100세 시대에 학령기는 짧다고 해석하고 있다. 그럼에도 불구하고 학군은 아파트를 선택하는 주요 조건 중 하나임에 변함없다.

평수

최근 몇 년간 20평대 아파트가 가장 인기 있었다. 10여년 전만 해도 20평대는 30평대로 가기 전에 잠깐 거쳐가는 곳이라 신혼 때 잠깐 살다가 4인 가족이 되면 중대형 평수로 옮기는 경우가 대부분이었다. 하지만 지금은 소형에 실거주하려는 수요층이 1인 가구 증가, 딩크족이나 자녀 1명 부부, 노부부로 인해 늘어났다. 또한 시세 차익을 노려 매매가와 전세가 차이(gap)가 적은 소위 '갭투자'가 유행하며 투자 수요까지 가세한 결과다. 하지만 정부 정책 변화로 다주택에 대한 중과세와 임대업 등록 유도로 똘똘한 1채가 유리하다는 의견이다. 관리비가 높고 매매가 유동적이지 못한 40평대보다는 30평대가 실거주 및 투자 면에서 각광받고 있다.

신축과 구축

아파트 투자 시장도 양극화 현상이 뚜렷하다. 재건축 사업성이 좋은 30년 이상 아파트와 신평면 구조, 커뮤니티로 무장한 신축 아파트다. 모습은 다르지만 둘 다 결국은 신축이거나 신축을 기대하거나 둘 중 하나다.

아파트는 원래 신규 입주부터 15년차까지 가격이 오르다가 주춤한다. 그러다 다시 재건축 이야기가 돌면 상승하는 PLC$^{Product\ life}$ ^{cycle}를 보여준다. 부동산 규제로 재개발과 재건축을 유보시키면 결국 현재 신축의 힘이 강세로 이어질 수밖에 없다. 물론 눌린 재건축 수요는 규제가 풀어짐과 동시에 폭발하는 게 원리다.

실패하지 않는 아파트 투자 _ 미래 기준

여기까지가 현재의 부동산을 보는 눈이었다면, 지금부터는 지역의 미래 가치에 대해 생각해보자. 이러한 미래 가치 신호들을 가장 먼저 감지하는 것은 부자들이다. 그들은 자신이 살고 있는 지역 근처의 장래성이 있는 곳을 미리 찍어두었다가 자식에게 사주는 경향이 있다.

- 반포, 압구정 → 금호, 옥수 → 왕십리

- 여의도, 목동 → 마포, 공덕 → 마곡

- 성북동, 평창동 → 신촌, 서대문, 아현

- 삼성동, 도곡동 → 잠실, 분당, 판교 → 개포, 위례

- 인천 → 송도 / 강동 → 고덕, 미사 / 수원 → 광교

전입전출 지표

호갱노노(https://hogangnono.com)사이트에서 인구를 클릭하면 전입전출에 대한 내용을 확인할 수 있다. 사람들이 이동하는 곳과 빠져 나가는 곳을 확인하면, 앞으로 어느 쪽으로 주택 및 상권의 수요가 늘어날지 확인이 가능하다.

학원가 생성

전출을 눈으로 확인할 수 있는 쉬운 방법은 초등 대상 학원가를 살펴보는 것이다. 젊은 사람들이 떠나는 동네는 가장 먼저 초등학생을 대상으로 하는 미술·음악·태권도 학원들이 문을 닫는다. 그들도 5년 뒤를 내다보며 영업하기 때문에 인구이동을 따라 다른 지역으로 옮겨가기 때문이다. 그리고 초등 대상 학원이 있는 상가에는 분식점, 만화카페, 문구점, 네일샵, 마사지샵, 커피샵, 편의점 등 이들의 동선에 편의시설 또한 함께 생기기 때문에 상권에도 영향을 미친다.

도시 주변의 그린벨트, 유해시설, 군부대

집 근처에 비닐하우스들이 많은 땅이 있다면 유심히 살펴보자. 도시 확장으로 향후 개발될 가능성이 높다. 비슷한 이유로 군부대나 유해시설 등도 시간이 오래 걸릴 수 있으나 선거 때마다 이전 계획이 발표되고 꾸준한 민원 덕으로 주민복지시설이나 공원, 학교 등으로 돌려받는 사례가 많았다.

부동산 사이클에 대해 알자

정부에서 내놓는 부동산 정책에 따라 집값이 오락가락한다. 정부는 '국민의 주거 안정'을 목표로 활성화와 규제 카드를 번갈아 내놓는다. 부동산 침체가 지속되면 대출 규제 완화와 일시적 취득세 감면, 양도세 면제 등 활성화 방안을 내놓고 과열되면 투기지역 지정 및 대출 규제, 재건축 사업 규제, 다주택자 중과세 등의 다양한 정책으로 시장을 안정화하려 한다.

정책이 발표되면 다음날 시상에 바로 효과가 나타나지는 않지만 이러한 흐름을 지속적으로 읽고 방향을 파악하고 있으면 분명 기회가 오기 마련이다. 그런 의미에서 '폭락론'도 맞고, '폭등론'도 맞다.

정부는 국민의 주거 안정을 위해 경기에 따라 규제와 완화를 반복한다. 아파트 가격이 안정적인 상승세에서 이탈해 폭등 조짐이

주택 매매 가격 증감률

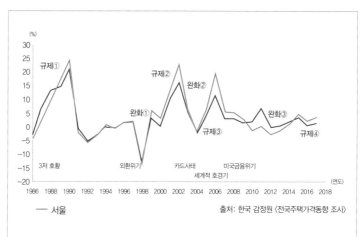

규제① : 투기 억제, 공급 확대, 1기 신도시 발표 등

완화① : 분양권 전매 허용, 취등록세 및 양도세 면제 등

규제② : 분양권 전매 제한, 2기 신도시 발표, 종부세 도입, 대출 규제 등

완화② : 반값아파트, 세금 완화 등

규제③ : 양도세 강화, 주택거래 신고제 도입 등

완화③ : 대출 완화, 청약 1순위 자격 완화, 미분양분 세금 혜택 등

규제④ : 다주택자 대출 제한, 재건축 규제, 3기 신도시 발표 등

동영상으로 명쾌하게 이해한다

내 집 마련의 꿈, 아파트

보이면 신도시를 개발하거나 세금을 강화하거나 대출을 막아 투기를 막는다. 건설사는 정부가 조성한 택지를 분양 받아 아파트를 지어 이윤을 추구한다. 그러나 한꺼번에 쏟아진 물량에 불경기까

지 겹치면 미분양 사태가 일어난다.

다시 정부는 분양권 전매나 양도세 면제 등 부동산 활성화 정책을 내놓는다. 바로 이때 현금을 가지고 있는 부자들은 이런 기회를 놓치지 않고 집을 산다. 그들은 경기 순환을 제대로 파악하고 있기 때문에 이렇게 투자가 가능하다. 정부의 신규 주택 건설 억제 정책으로 2~3년이 지나면 신축 아파트가 부족해진다. 전세가는 올라 매수 수요가 다시 생겨난다. 이렇게 집값 사이클은 반복된다.

평범한 사람들은 이러한 흐름을 읽는 눈이 부족해 소위 모멘텀 투자에 쏠린다. '사촌이 땅을 사면 배 아프다'라는 옛 속담처럼 "누가 어디에서 어떻게 얼마를 벌었다더라"라는 말을 들으면 상대적 박탈감에 밤잠을 이루지 못한다. 겉으로는 쿨한 척하려 해도 조급한 마음에 급등한 지역으로 몰려가 매물을 잡는다. 이렇게 부동산이 오르는 지역은 계속 수요가 밀려와서 올라가고, 몇 달이 지나면 다른 지역들도 키높이를 맞추겠다며 호가를 올리기 시작한다. 그러면 그 동네에 있던 사람들도 더 늦으면 안 되겠다는 조급한 마음에 올라간 호가로 덜컥 집을 산다.

이렇게 부동산 광풍이 서울 주요 지역에서 주변 지역으로 퍼져나간다. 솔직히 말해 호재 없는 동네는 없다. 다만 그 지역 사람들이 호재를 어떻게 포장하고 광고하느냐에 달려 있다. 별 볼일 없던 아파트에 투기꾼들이 몰려가고 저평가된 아파트를 발굴했다며 수익을 낸 뒤 뒤늦게 따라온 일반인들에게 그 매물을 넘기고 빠진다.

정리하자면 다음과 같다. *내가 집을 살 때는 부동산 완화정책 시기인 매수자 우위의 시장에서, 팔 때는 규제정책이 강화된 매도자 우위의 시장에서 움직일 수 있도록 하자.*

돈을 굴리기 위한
5가지 조합

개개인은 다양한 가치관과 주변 환경에 많은 영향을 받기 때문에 본인에게 맞는 선택을 최대한 빨리 해야 한다.

이상으로 돈 공부까지 마무리했다. 이제 내 돈을 굴려줄 5가지 도구들을 어떻게 이용하면 될지 5가지 조합을 제시해본다. 전략의 중심에는 '내 집 마련'과 '노후 대비'를 계획하고 달성하는 것이 핵심이다.

우선 모두 초반 5년은 종잣돈을 모으기 위해 복리를 이용한다. 아파트 대출금 원리 상환 기간에는 복리를 활용한 예금을 주도적으로 하기 어렵다. 그 어떤 금리도 대출금리가 예금금리보다 적은 곳은 없기 때문이다. 노후자금은 연금 외 이자 수입과 배당수입을 기대하고 고금리 예금과 고배당 주식을 장기 보유하기를 추천한다.

돈을 굴리기 위한 5가지 조합

*아파트는 대출원리금 상환을 의미한다

본인에게 맞는 선택을 최대한 빨리 하자

1번 유형

이 조합을 앞으로 가장 많이 활용할 것이라 생각한다. 신혼부부가 종잣돈을 모아 행복주택이나 신혼타운, 특별공급 등의 형태로 조기에 안정적인 보금자리를 마련하고 저리의 대출금을 상환하며 살아가는 형태다. 요즘에는 아이들을 많이 낳지 않기 때문에 중대형 평수로 옮기지 않아도 돼 경제 공부를 병행한 재테크를 꾸준히 한다면 노후 준비까지 수월하게 할 수 있다. 다른 경우보다 좀더 일찍 노후에 쓸 자금을 안정적으로 모을 수 있다는 게 장점이다.

2번 유형

갈아타기를 한 차례 하는 유형이다. 종잣돈으로 작은 평수 아파트를 구입한 후 집값이 오르면 대출금 상환과 동시에 큰 평수로 이사한다. 보통 1가구 2주택 비과세 요건을 위해 2번째 집 구입 이후 2년 이내에 이전 집을 매도해 절세도 가능하다. 갈아타는 집은 대출금 상환기간을 최대한 짧게 잡아야 한다. 곧 은퇴를 앞두고 있는 시점이기 때문이다. 이 시기에는 자녀 사교육비가 가장 많이 들기에 어떤 게 더 중요한지 가족간의 상의를 통해 결정해야 한다.

3번 유형

종잣돈의 규모가 적을 경우 투자를 병행해 좀더 자산을 불린 뒤 아파트를 구입하는 방법이다. 남들보다 집을 늦게 사는 대신 목돈을 쥐고 있는 기간이 길다. 제대로 경제 공부해 투자를 하면 좋지만, 아닐 경우 소비의 덫에 걸리기 쉽다. 절제 있는 생활을 할 수 있도록 더욱 노력해야 하는 조합이다.

4번 유형

아파트를 사지 않는 경우다. 이러한 조합을 보이는 사람들은 2가지 유형으로 나누어진다. 첫 번째는 자기 사업이나 임대업을 하는 사람들이다. 집에 돈을 까는 것을 아까워해 본인은 전세 또는 월세로 지내고, 대부분의 금액을 밑천으로 더 큰 수익을 내기 위해 투자한다. 일에 바빠서 현금을 집에 들고 들어와 계수기로 세다가 잠든다는 우스갯소리가 있을 정도로 재테크에 무지한 사람들이 이 유형에 많다. 소득이 일정치 않기 때문에 안전과 수익을 꾸준히 올릴 수 있는 금융에 지속적으로 관심을 갖자.

두 번째는 집값이 떨어지기만 기다리다가 매번 놓치는 사람들이다. 집값 상승분만큼의 수익률을 내기 위해서는 좀더 공격적으로 금융상품에 투자하게 되는데, 적절한 분배를 통해 안전과 수익을 둘 다 잡을 수 있도록 해야 한다.

5번 유형

마지막 조합은 우리 부모님 세대에서 가장 많이 활용하던 전통적인 재테크 방식이다. 종잣돈으로 작은 아파트를 1채 사고 동네에 급매물이 나오면 좀더 큰 평수로 갈아탄다. 한 부동산에서 거래하기 때문에 복비를 아낄 수 있고, 빠르게 일처리가 가능하다. 그리고 마지막 아파트는 작은 평수로 옮겨 타는 것이다. 노후를 보낼 만한 병원 가깝고 번잡하지 않은 동네로 아파트를 사고 남은 자금은 예금으로 옮긴다.

개개인은 다양한 가치관과 주변 환경에 많은 영향을 받기 때문에 본인에게 맞는 선택을 최대한 빨리 해야 한다. 남들이 다 5번 유형이 돈을 가장 많이 버는 방법이라고 해도 대출의 무게를 감당하기 어렵거나 부동산과 입씨름하고 이사 다니는 게 귀찮다면 수익을 내는 투자법이라 해도 본인이 행복하지 않을 것이다.

또한 4번 유형처럼 집을 사지 않는 것을 택한다면 부부 간의 협의가 반드시 필요하다. '집을 사냐 마냐'로 부부싸움이 끊이지 않는다면 그것 역시 불행의 근원이 될 수 있다. 어떤 조합을 결정하더라도 자신의 능력 내에서 선택하고 후회 없이 밀고 나가자.

돈 공부 QUICK SUMMARY

		What (본질과 핵심)	How to do? (실천방법)
❶	복리	저축은 습관이며, 복리는 기하급수적으로 늘어나는 마법이다.	종잣돈의 크기, 시간, 수익률이 중요
❷	펀드	투자의 아웃소싱. 소액으로 분산적립식 분산투자	큰 숲은 본인이 보고, 주기적으로 포트폴리오를 조정해야 한다
❸	주식	기업의 성장을 믿고 투자해 배당과 차익을 기대하는 것	정량·정성적 분석을 통한 종목 선정 후 장기투자
❹	ETF	주식과 펀드의 중간형으로 분산투자	스스로가 펀드매니저로 가성비가 좋다
❺	아파트	실거주와 투자를 동시에 하는 부동산	인플레이션을 이기는 실물 투자

시간부자는 느린 삶을 사는 진짜 부자

주부인 P는 하루 종일 주식 창만 들여다보며 아이 밥 챙기는 것도 잊고, 세수는 물론 집 밖으로 한 발짝도 나가지 않는다. 모니터 앞에서 대강 끼니를 때우고 신경이 항상 날카롭게 곤두서있다. 주가가 오르면 기분이 좋았다가도 주가가 떨어지면 가족들에게 온갖 신경질을 부려댄다.

역시 주부인 H는 주말마다 재테크 모임에 나가거나 강연장을 찾는다. 때때로 단체 버스에 몸을 싣고 강사님이 알려준 장소로 임장을 나가기도 한다. 부산, 대전, 대구 등 가보지 않은 아파트가 없다. 그렇게 '묻지마 투자'로 모은 아파트가 8채가 넘어간다. 임대 맞추고, 재산세 내고, 세입자 요청에 따라 집수리 등 관리를 하다보면 집에 있을 날이 없다.

내가 전하고 싶은 메시지는 분명하다. '가족과 행복하고 안정된 삶'은 목표이고, 이를 지속적으로 실행하기 위한 수단은 결국 '경제 공부와 돈 공부'다. 위의 사례처럼 수단이 목적을 가리는 삶은 결국 모두를 불행하게 만든다.

그런 점에서 진짜 부자라고 말할 수 있는 시간 부자가 되기 위한 5가지 조건을 알아보자.

첫째, 검소하지만 풍요로운 마음으로 살겠다는 '마음가짐'을 갖고 '나눔'을 실천할 수 있다. 부자는 검소하고, 빈자는 사치한다. 남의 눈을 의식하지 않기 때문에 자기가 편안하고 익숙한 생활에서 벗어나기를 좋아하지 않는다. 주식 투자의 귀재인 워런 버핏은 오래된 50만 달러(약 5억 원) 집에서 경호원이나 운전사도 없이 2001년식 중고 링컨차를 타고 출근하며, 아침은 늘 맥도날드를 먹는다고 한다. 맨날 똑같은 옷만 입고 다니는 마크 저커버그나 ZARA 창립자 아만시오 오르테가 역시 검수하게 살며 엄청난 돈을 기부에 쏜다고 한다.

둘째, 인생의 전반적인 로드맵을 작성하고 수치적 자산목표를 달성할 수 있다. 각자의 경우에 맞게 미리 인생 100세에 대한 시뮬레이션을 미리 해보자. 결혼, 출산, 내 집 마련, 자녀 학자금, 노후 연금 등 인생 곳곳의 중요한 사건들을 마일스톤으로 체크해두면 좋다. 그때마다 필요한 예산을 알고 미리 준비할 수 있다면 불안함보다는 일상에 안정감을 느낄 수 있다.

셋째, 심플하게 산다. 복잡하고 어려운 것들에게 얽매이지 않고 간단 명료하게 정리한다. 불필요한 것은 버리고 소유하지 않음으로써 '여유'라는 선물을 얻는다. 생활에서 일어나는 모든 일에 경제 개념을 대입해보자.

넷째, 소비와 저축을 스트레스 없이 할 수 있다. 강조하건대 자본주의에 대한 이해가 먼저 필요하다. 우리가 어떠한 경제 환경에서 살고 있는지, 우리는 어떠한 역할을 하고 있는지를 알아야 한다. 그래야 빚을 권하는 데 걸려 넘어가지 않고, 감정적인 소비를 자제할 수 있으며, 애써 모은 돈을 불려 나갈 수 있다. 그리고 아끼기만 하며 척박한 삶을 살다가 늙는 것만큼 억울한 것도 없으니 지혜롭게 살아보자.

다섯째, 지속적으로 경제와 돈에 대한 공부를 한다. 본격적인 공부를 통해 자신만의 기준과 원칙을 세웠다면, 그 다음은 유지 보수다. 꾸준히 경제 기사를 통해 흐름을 파악하고, 아껴 쓰고 모은 돈으로 끊임없이 투자한다.

돈의 흐름을 읽어야
위기를 기회로 만든다

영화 〈신과 함께-인과 연〉을 재미나게 봤다. 이 영화에서 성주신으로 등장했던 마동석의 캐릭터가 기억에 남았는데, 그가 바로 '경알못(경제를 알지 못하는)'의 대표적인 모습이었기 때문이다.

그는 신神이지만 재개발 보상금을 불리겠다고 주식과 펀드에 투자하는 모습이 우리 인간과 동일하다. 중국 펀드가 반토막이 나자 사채를 끌어들이고 '펀드는 언젠가 오른다, 주식은 기다림이다'라며 스스로를 위안 삼기도 한다. 그러다가 다시 좌절하며 '절대 안 오른다던 아파트나 사둘걸' 하며 체념하기도 하고, '비트코인을 했어야 한다'며 후회하는 모습까지 보인다. 결론을 말하자면 영화 마지막에 뉴스 화면으로 중국 증시 상승에 대한 소식이 흘러나온다. 즉 경기는 순환해 제자리를 찾아온다는 내용이다.

주변에 마동석과 같은 심리 변화를 겪고 있는 수많은 사람이 있다. 그렇다면 마동석의 문제점은 무엇이었을까?

첫째, 재개발 이주비로 단기에 필요한 돈이었음에도 위험성 높은 상품에 투자했다.

둘째, 손실이 나자 3배가 넘는 사채를 끌어들여 더 큰 위험을 초래했다.

셋째, 모든 재산을 몰빵했다. 분산투자, 포트폴리오 관리 등을 전혀 하지 않았다.

영화는 어느 정도 현실을 기반으로 만들어진다. 우리나라 경제 위기의 원인은 거의 달러 때문이다. 1997년 IMF 사태에도 환율이 급등했고, 주가와 부동산이 폭락했다. 2008년 서브프라임 모기지 사태로 인한 국내 경제 위기에도 비슷한 모습이었다. 이 위기를 기회로 만든 사람은 어떤 사람이었을까? 바로 돈의 흐름을 읽고 있는 사람이다.

사람들은 파도의 모습만 본다. 하지만 정작 파도를 일으키는 것은 바람이다. 바람이 불어오는 속도와 방향은 예측하기가 어렵다. 기상청 슈퍼컴퓨터도 어려운데 그걸 사람이 맞추기가 쉬울까?

경제도 마찬가지다. 바람이라고 할 수 있는 돈의 물결을 읽기는 무척 어렵다. 그렇지만 준비는 할 수 있다. 그 당시 돈을 번 사람은 금리와 환율에 대비해 현금과 달러를 미리 비축하고 있던 사람들이었다. 그들은 채권에 투자하고 환차익을 봤다. 심지어 미국 교포들이 경제 위기 때마다 우리나라에 부동산 투자를 많이 했다고 한다.

경기는 순환한다. 위기시 어떻게 준비하고 있어야 하고, 어떤 자세로 극복할지는 개개인의 역량이다. 자기를 신뢰하고, 생활을 관리하며 멘탈을 놓지 않는 의지력을 챙기고 있다면 반드시 다시 좋은 시절이 올 것이다.

'혼자 다니는 사람은 오늘이라도 출발할 수 있다. 그러나 다른 사람과 함께 여행하는 사람은 상대가 준비될 때까지 기다려야 한다. 따라서 오랜 시간이 지난 후에도 그들이 출발할 수 있을지는 미지수다.'

헨리 데이비드 소로Henry David Thoreau가 『월든Walden』에서 남긴 말이다.

우리는 혼자라는 문화에 익숙하지 않다. 학창 시절에는 또래 집단과의 동조가 중요했고, 사회생활은 개인보다 집단을 앞세웠다. 그래서 혼자 무언가를 시작한다는 게 정서상 부담스러울 수 있다. 그게 특히 재테크일 경우는 더욱 그러하다.

그렇게 나는 평범한 오늘을 뒤로 하고 다른 내일을 꿈꿔왔다. 물론 시작은 누구나 어렵다. 쳇바퀴처럼 돌아가는 일상에 변화를 준다는 건 쉬운 일은 아니지만 방법은 있다.

우리는 긴 인생을 살아가며 다양한 상황에서 때에 맞는 투자를 해야 한다. 그 모든 상황에서 결정적 판단을 할 주체는 다른 사람이 아닌 바로 나다. 이 책을 통해 스스로가 알아야 함을 강조하고 싶다.

　자산은 절대 티끌모아 티끌이 아니다. 눈밭에서 눈덩이를 굴리던 기억을 다시 더듬어보자. 작은 눈덩이는 굴려도 빨리 커지지 않는다. 그러나 큰 눈덩이로 굴리기 시작하면 금세 눈사람 몸통을 완성할 수 있다. 자산도 눈덩이다.

　1억이 2억이 되기까지는 시간도 오래 걸리고, 앞서 출발한 이들 때문에 상대적 좌절도 느낀다. 너무 늦은 건 아닐까, 내가 과연 해낼 수 있을까 등 고민하겠지만 그 시기도 분명 의미 있는 시간이다. 경제를 읽고 내 재무제표에 따라 자산 계획을 실천해가며 기초 체력을 쌓을 수 있기 때문이다.

　막상 2억이 되면 레버리지를 이용해 2배로 만들 수 있고, 4억이 된 자산은 어느 샌가 20억쯤 되어있을 것이다. 그 귀한 시간을 스스로 잘 활용해보자.

박지수(골드래빗)

경제 공부와 돈 공부를 위한 추천 자료

─────────────── 도서 ───────────────

- 『경제기사 궁금증 300문 300답』(곽해선 지음, 동아일보사, 2015)
- 『경제의 99%는 환율이다』(백석현 지음, 메이트북스, 2018)
- 『경제흐름을 꿰뚫어보는 금리의 미래』(박상현 지음, 메이트북스, 2018)
- 『대한민국 부동산 투자』(김학렬 지음, 알에이치코리아, 2017)
- 『레버리지(Life Leverage)』(롭 무어 지음, 김유미 옮김, 다산북스, 2017)
- 『부의 추월차선(The Millionaire Fastlane)』(엠제이 드마코 지음, 신소영 옮김, 토트, 2013)
- 『삶의 정도』(윤석철 지음, 위즈덤하우스, 2011)
- 『시골의사의 부자 경제학』(박경철 지음, 리더스북, 2011)
- 『언스크립티드(Unscripted)』(엠제이 드마코 지음, 안시열 옮김, 토트, 2018)
- 『이채원의 가치투자』(이채원·이상건 지음, 이콘, 2016)
- 『인구와 투자의 미래』(홍춘욱 지음, 에프앤미디어, 2017)
- 『인생 경제학』(한순구 지음, 위즈덤하우스, 2017)

- 『조화로운 삶(Living the good life)』(헬렌 니어링·스콧 니어링 지음, 보리, 2000)
- 『혼자 있는 시간의 힘(孤獨のチカラ)』(사이토 다카시 지음, 장은주 옮김, 위즈덤하우스, 2015)

블로그

- 다꿈스쿨 청울림 https://blog.naver.com/iles1026
- 차칸양의 브런치 https://brunch.co.kr/@bang1999
- 금융위원회 따뜻한 금융 https://blog.naver.com/blogfsc
- 포세이돈의 세상을 보는 눈 https://blog.naver.com/hsw0548

보고서 및 통계

- KB 금융지주 경영연구소 www.kbfg.com/kbresearch/
- 한국은행 http://kostat.go.kr
- 통계청 http://kostat.go.kr
- 한국감정원 부동산 통계정보시스템 http://www.r-one.co.kr
- 조인스랜드 부동산 https://joinsland.joins.com/

영상

- '성공을 위한 원칙', 레이 달리오 https://youtu.be/FTp1T4dqw9E
- EBS 다큐, '자본주의 5부작' https://youtu.be/0LYMTsj_eqc

■ **이 책의 부록 자료를 무료로 받으실 수 있습니다** ─────────────

메이트북스 홈페이지(www.matebooks.co.kr)를 방문하셔서 '도서 부록 다운로드' 게시판을 클릭하시면, 본문에서 소개한 '가계부 엑셀파일'을 무료로 다운로드하실 수 있습니다.

■ **독자 여러분의 소중한 원고를 기다립니다** ─────────────

메이트북스는 독자 여러분의 소중한 원고를 기다리고 있습니다. 집필을 끝냈거나 집필중인 원고가 있으신 분은 khg0109@hanmail.net으로 원고의 간단한 기획의도와 개요, 연락처 등과 함께 보내주시면 최대한 빨리 검토한 후에 연락드리겠습니다. 머뭇거리지 마시고 언제라도 메이트북스의 문을 두드리시면 반갑게 맞이하겠습니다.

■ **메이트북스 SNS는 보물창고입니다** ─────────────

메이트북스 홈페이지 www.matebooks.co.kr

책에 대한 칼럼 및 신간정보, 베스트셀러 및 스테디셀러 정보뿐만 아니라 저자의 인터뷰 및 책 소개 동영상을 보실 수 있습니다.

메이트북스 유튜브 bit.ly/2qXrcUb

활발하게 업로드되는 저자의 인터뷰, 책 소개 동영상을 통해 책에서는 접할 수 없었던 입체적인 정보들을 경험하실 수 있습니다.

메이트북스 블로그 blog.naver.com/1n1media

1분 전문가 칼럼, 화제의 책, 화제의 동영상 등 독자 여러분을 위해 다양한 콘텐츠를 매일 올리고 있습니다.

메이트북스 네이버 포스트 post.naver.com/1n1media

도서 내용을 재구성해 만든 블로그형, 카드뉴스형 포스트를 통해 유익하고 통찰력 있는 정보들을 경험하실 수 있습니다.

메이트북스 인스타그램 instagram.com/matebooks2

신간정보와 책 내용을 재구성한 카드뉴스, 동영상이 가득합니다. 각종 도서 이벤트들을 진행하니 많은 참여 바랍니다.

STEP 1. 네이버 검색창 옆의 카메라 모양 아이콘을 누르세요. STEP 2. 스마트렌즈를 통해 각 QR코드를 스캔하시면 됩니다.
STEP 3. 팝업창을 누르시면 메이트북스의 SNS가 나옵니다.